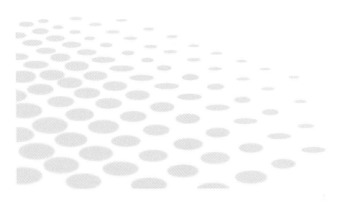

《广播电视学实务系列教材》（修订版）编委会

▶ 广播电视学实务系列教材

融媒体写作
实用教程

RONGMEITI XIEZUO
SHIYONG JIAOCHENG

张 洁 徐 衮
高 玮 李 莉 编著

四川大学出版社
SICHUAN UNIVERSITY PRESS

项目策划：黄蕴婷
责任编辑：黄蕴婷
责任校对：罗永平
封面设计：墨创文化
责任印制：李金兰

图书在版编目（CIP）数据

融媒体写作实用教程 / 张洁等编著 . — 成都：四川大学出版社，2022.1（2025.1 重印）
广播电视学实务系列教材
ISBN 978-7-5690-5169-8

Ⅰ．①融… Ⅱ．①张… Ⅲ．①新闻写作－高等学校－教材 Ⅳ．① G212.2

中国版本图书馆 CIP 数据核字（2021）第 233615 号

书　名	融媒体写作实用教程
编　著	张　洁　徐　袅　高　玮　李　莉
出　版	四川大学出版社
地　址	成都市一环路南一段 24 号（610065）
发　行	四川大学出版社
书　号	ISBN 978-7-5690-5169-8
印前制作	四川胜翔数码印务设计有限公司
印　刷	成都金龙印务有限责任公司
成品尺寸	170mm×240mm
插　页	2
印　张	12.5
字　数	234 千字
版　次	2022 年 1 月第 1 版
印　次	2025 年 1 月第 2 次印刷
定　价	42.00 元

版权所有 ◆ 侵权必究

四川大学出版社
微信公众号

总　序

进入 21 世纪，作为国内传统媒体主要组成部分的广播电视继续保持发展势头；同时，又面临着传播环境的急剧变化。

新媒体的广泛应用在向传统的广播电视发起挑战的同时，又为广播电视的信息传播提供了新的渠道、新的载体，并赋予其新的形式。数字电视提供了更多的频道和更丰富的节目服务；网络音频和网络视频、手机广播和手机电视，不但使广播电视节目的传播渠道更为多元，更以互动性颠覆了传统的视音频节目传播模式；移动电视、大型户外显示屏则把视频节目送到城市的每一个注意力聚集的角落；至于环绕立体声广播、高清电视、3D 视频，则对广播节目和电视节目的生产提出了更高、更新的要求。

以 BBS（网络论坛）、博客、SNS（社会化网络服务）、微博等为代表的依托有线、无线互联网的"自媒体"的诞生，冲击着新闻从业人员的专业地位，促使各类社会主体不依靠新闻媒体而大量从事"自主传播"。这一方面对包括广播电视工作者在内的专业传播人员提出了新的业务要求，同时又在更广阔的范围内创造了广泛的对传播专门人才的需求。

不但如此，受政策利好的刺激，文化产业的发展也以强劲的势头展开。这也对广播电视产生了深刻的影响。表现在：

一方面，属于公益部分的广播电视新闻传播和公益信息服务被纳入文化大发展的总体部署，继续受到重视；

另一方面，具有赢利功能的影视产业、视听产品出版业、动漫游戏产业、演艺产业等作为文化产业的具体支撑门类步入蓬勃发展的快车道，为广播电视节目的制作和传播开拓了新的领域，提供了新的机遇。

受上述两类变化直接影响，广播电视的制播主体、制播方式、节目形态、传播模式等，发生了显著变化。

这种巨大变化促使广播电视从业人员深深思考，我们将怎么适应？怎么应对？而作为广播电视领域的高等院校教育者，我们也在思考同样的问题。

教育部于1998年颁布的本科专业目录中有"广播电视新闻学""广播电视编导"等专业；2012年，"广播电视新闻学"调整为"广播电视学"。多年来，我们一直在上述专业领域从事教学。根据我们掌握的信息，我们的毕业生有在中央、省一级新闻机构工作的，但更多的是在市、区、县新闻机构和社会文化企业，以及政府机构、大型企业的宣传推广部门从事传播工作。从我们广泛收集的来自不同层面的反馈信息可以发现，针对毕业生的能力素质，用人单位有一个共同要求，即学生必须具备一定的理论功底，具备较高的文化素养，尤其需要具备很强的动手能力。只有这样的毕业生才能受到用人单位的欢迎。

但目前我们高等教育的现状与来自用人单位的要求相比，还有一定的差距。正因为如此，教育部《关于全面提高高等教育质量的若干意见》（教高〔2012〕4号文）才就优化学科专业和人才培养结构提出"加大应用型、复合型、技能型人才培养力度"的要求，针对创新人才培养模式提出"探索科学基础、实践能力和人文素养融合发展的人才培养模式"的要求。从广播电视领域和新媒体音视频信息传播领域的实际情况来看，主要为这些领域提供高级专门人才的"广播电视学""广播电视编导"等专业，无疑应该按照教育部要求的精神积极推进教育教学改革。

改革涉及多个方面，但教材改革显然居于重要地位。这套"广播电视学实务系列教材"，就是笔者按照上述精神而编撰的。在这套教材中，《实用传播学简明教程》是传播学教材的实用缩略版，它将传播学的基本理论与传播学的若干重要实际应用结合起来，形成了针对应用性、复合型人才培养的传播学课程体系。《媒体通论简明教程》则体现着这样的尝试：把原来分开讲授的平面媒体基本原理、广播电视概论、新媒体概论等课程进行整合，形成一门涵盖传统媒体与新媒体的概论性课程。这两本教材所对应的课程均属于专业基础课的范畴。另外6本教材则分别从不同的角度构建了有特色的核心专业课程。《全媒体写作实用教程》顺应传播环境的变化，根据社会对人才能力的需求，将报刊文稿、广播文稿、电视文稿、网络文稿、手机媒体文稿等不同种类文稿的写作教学重新结构、科学安排，吸取最新研究成果，遴选最新成功案例，构建出培养学生具备全媒体写作能力的实用课程体系。《新闻采访实务》在现有新闻采访教材的基础上，权衡利弊、取长补短，融入新媒体传播平台的采访等内容，构成具有与时俱进意义的采访教学课程体系。《电视策划实务》从培养学生具备电视领域的一般策划能力出发，对应电视界的工作现状结构教学内容，按照突出针对性和实用性的要求设计教学程序，具有明显不同于国内现有电视策划教材的特点。《纪实节目叙事实用教程》，旨在顺应电视领域和网络视频领域纪实（非虚构）节目故事化叙事的国际潮流和市场需求，综合经典叙事学、后经典叙事学和好莱坞实用叙事教学的理论菁华与成功经验，结合国内电视（视频）节目生产实际，结构出培训学生既掌握必要的叙事基础理论、又掌握纪实节目故事化讲述基本技能的实用课程体系。《新媒体应用实务》则从"深入认识新媒体""熟练掌握新媒体""综合运用新媒体"三个层面结构教学内容，重点培养学生在传播应用、商务应用、危机处理等方面的新媒体应用能力。《新编摄像实用教程》在传统摄像教材的基础上，增加了高清数字摄像、3D摄像等内容，以及"模拟项目"摄像教学和练习等部分，具有针对性、实用性和前沿性。

　　从上面的简介可以看出，这套教材体现着编撰者培养应用性、实用性、复合型人才的理念和追求。由于这套教材的主要作者都曾经在电台、电视台、报社从事过数十年的新闻采编或节目制作工作，从事过广播电视和报纸的管理工作，又在广播电视本科教学领域从事过多年教学工作，所以他们对传媒业界和广播电视教育界都非常熟悉，对广播电视领域究竟需要什么样的人才非常清楚，对培养出能满足有关职业和岗位要求的合格毕业生需要采用什么方式、使用什么样的教材非常清楚。多年来，他们一直在寻求能够完全符合自身教学理念的理想教材，但暂时未能如愿。于是，经过反复研究磋商，最后决定自己编写一套合意的读本，于是就有了这套"广播电视学实务系列教材"。这套教材虽然有着现在这个名称，但并不意味着它只适合广播电视学专业；其实，广播电视编导、新闻学等本科专业，新闻采编与制作等高职高专专业，也完全可以采用。甚至，各类传媒机构、社会文化公司、政府机构和大型企事业单位的宣传推广部门，也可以利用这套教材进行在职培训。总之，这套教材的针对性、实用性、可操作性、前沿性保证了它可以满足上述种种方面的需要。

　　虽然编撰者们非常认真地对待自己的工作，力求在撰写过程中精益求精，但出于水平、能力、视野等种种因素的限制，这套教材一定还存在不少疏漏和错讹，诚望各位读者不吝赐教，给予批评指正。

　　最后，我要对四川大学出版社表示衷心感谢，对语言文字编辑室的徐燕主任和各位责任编辑表示衷心感谢。没有他们的辛勤付出，这套教材是难以顺利出版的。

  编撰出版各类能够满足应用性、实用性、复合型高级人才培养需求的教材，是我国高等教育领域一项非常有意义的工作。如果我们的努力能够对这项工作有所贡献，我们将感到非常荣幸；如果我们的努力能够引起更多的同道与我们共同关注、共同投入到这项工作中来，则幸之甚也。

  是为序。

冉光泽

2013 年 1 月于成都

目　录

第一章　新闻写作引论 ……………………………………………（1）

第一节　新闻报道的基本原则 …………………………………（1）

第二节　新闻判断 ………………………………………………（7）

第二章　新闻语言 …………………………………………………（15）

第一节　新闻语言的独立性 ……………………………………（15）

第二节　新闻语言的基本要求 …………………………………（18）

第三节　新闻语言的节奏 ………………………………………（28）

第三章　新闻体裁 …………………………………………………（32）

第一节　新闻体裁的分类 ………………………………………（32）

第二节　特稿与通讯 ……………………………………………（34）

第三节　特稿与长消息 …………………………………………（37）

第四章　消息写作 …………………………………………………（41）

第一节　消息标题 ………………………………………………（41）

第二节　消息导语 ………………………………………………（47）

第三节　新闻背景 ………………………………………………（56）

第四节　消息主体 ………………………………………………（62）

第五节　消息的结构 ……………………………………………（67）

第五章　特稿写作 …………………………………………………（76）

第一节　什么是特稿 ……………………………………………（76）

第二节　特稿的特征和类型 ……………………………………（78）

第三节　特稿的写作要求 ………………………………………（80）

第四节　特稿的写作方法 ……………………………………（83）
第五节　人物类特稿的写作分析 ……………………………（89）
第六节　事件类、话题类特稿的写作分析 …………………（92）

第六章　融媒体深度报道 ……………………………………（95）
第一节　何谓深度报道 ………………………………………（95）
第二节　深度报道的类型 ……………………………………（98）
第三节　深度报道的选题 ……………………………………（111）
第四节　深度报道材料搜集 …………………………………（114）
第五节　融媒体深度报道趋势与案例 ………………………（118）

第七章　融合新闻写作 ………………………………………（131）
第一节　融合新闻概说 ………………………………………（131）
第二节　融合新闻中的文字 …………………………………（134）
第三节　融合新闻中的图片 …………………………………（138）
第四节　融合新闻中的数据 …………………………………（143）
第五节　融合新闻中的音频 …………………………………（146）
第六节　融合新闻中的视频 …………………………………（156）
第七节　融合新闻中的超链接 ………………………………（158）
第八节　融合新闻的互动与社交分享 ………………………（161）
第九节　融合新闻获奖作品赏析 ……………………………（164）

主要参考文献 …………………………………………………（170）

附　录 …………………………………………………………（175）
中国新闻工作者职业道德准则 ………………………………（175）
中华人民共和国著作权法 ……………………………………（179）

第一章 新闻写作引论

第一节 新闻报道的基本原则

新闻报道的基本原则与新闻的定义密切相关，新闻的定义对新闻报道有着重要的指导意义。

国内外关于新闻的定义众说纷纭。在我国，获得公认、影响较大的是陆定一关于新闻的定义："新闻是新近发生的事实的报道。"它简洁明确地揭示了新闻的本质特征：第一，指出新闻是"事实"，表明新闻的内容应当有明确的时间、准确的地址、确切的人物、真实的事情，有别于文学的虚构；第二，指出"事实"是"新近发生的"，表明新闻内容的时效性，使它有别于历史；第三，指出事实是新闻的本源，但它本身还不是新闻，还必须经过"报道"这一主观行为。大千世界无时无地不在发生着各种各样的事件，不是所有的事实都会成为新闻，只有经过媒体报道的事实才是新闻。"报道"行为后有着丰富的动机，体现了唯物主义的反映论。

结合定义可知，新闻报道的基本原则主要有三条：坚持真实性，注重时效性，用事实说话。

一、坚持真实性

较早明确提出"新闻真实性"概念的是陆定一，鉴于当时整个解放区新闻报道观念和报道作风存在问题，他于 1943 年 9 月在《解放日报》发表文章《我们对于新闻学的基本观点》，提出了"新闻真实性"问题，并对"新闻真实性"做了解释。他说："新闻真实性，是无产阶级新闻学的根本原则。违反真实性，新闻就失去生命，写不出真实新闻的记者，随之也会失去'生命'。党和人民怎会相信说假话、写假新闻的记者呢？真实是记者必须遵守的起码的职

业道德。"

新闻教育家、新闻学者甘惜分在《新闻学大辞典》中解释新闻真实性为："新闻报道反映客观事实的准确度。"

美国著名报人普利策在主持《世界报》期间，一再告诫记者要"准确、准确、准确"。1923年美国报纸编辑协会制定的《新闻工作准则》中也规定："诚实、真实、准确——忠诚于读者是一切新闻工作的名副其实的基础。"

从根本上说，新闻的本源是事实。事实是第一性的，新闻是第二性的。新闻必须真实准确地按照事物的本来面目去反映它、解释它，这源自辩证唯物主义的科学态度。真实性是新闻工作的首要准则，诚实、准确、真实是对新闻人的基本要求。

坚持真实性的具体要求有：

第一，构成新闻的基本要素要真实。所谓基本要素是指时间、地点、人物、事件、原因、过程，即"5W（WHEN、WHERE、WHO、WHAT、WHY）+H（HOW）"，这些要素是新闻存在的基础，或者说是弄清楚事实的起码条件。这些要素必须真实可靠，不能含糊，任何一个要素虚假，都会招致读者对整个新闻事实的怀疑。请看报道：

一名英国儿童遭受残害

（路透社　伦敦6月9日电）人们发现7岁的帕特里克就居住在一间矮小狭窄仅能容身的鸡舍里。

他那失去了光泽的蓬乱头发遮盖着一张又黑又脏的脸。

他的脚趾甲很长，他不得不老是去抠脚指甲。

这是一个被有身份的家庭抛弃的私生子，他两岁的时候就被藏在这间鸡舍里。他吃的是面包皮和生土豆，食品是他母亲通过鸡舍的金属网格塞进去的。

他不会说话，只会模仿隔壁鸡舍里的母鸡发出的咯咯声。

英国全国防止虐待儿童协会收容了他。据协会会长艾伦吉尔摩说，该协会每年要向5万名这样的儿童提供帮助。

吉尔摩在接受路透社记者采访时说，有人认为，英国人关心自己豢养的供玩赏的动物胜过关心儿童，这种说法也许是对的。帕特里克的母亲已被判处9个月有期徒刑。

这篇报道曾被一些人当作优秀新闻作品的案例，但仔细阅读不难发现，这篇报道的一些基本新闻要素是模糊或缺乏的：儿童被发现的时间没有说明，只有发稿时间 6 月 9 日；儿童被谁发现的没有具体交代，只有一个笼统的"人们"；儿童被发现的地点在伦敦，但伦敦范围那么大，确切的地址没有交代清楚；儿童被发现的过程被省略了；儿童母亲被判刑的时间、罪名、做出判决的法院也没有交代。作品虽然语言不失生动，但缺少必要的信息，真实性存疑。

一般来说，时间、地点、人物、事件几个要素比较容易准确表达，新闻采写的难点在过程和原因这两个要素上。对很多事实，尤其是比较复杂的事实，要还原过程、分析原因是比较难的，单向思维、直线思维容易造成新闻报道的片面化与绝对化。

第二，新闻所引用的材料要准确。新闻中的数据、史料、背景材料等都是一些间接材料，记者要善于辨别其可靠性。在可能的情况下，要找到原始材料，并尽量请权威人士或当事人、知情人核实。

第三，对人物心理活动的描述必须是当事人所述，切忌"合理想象"。人物的心理活动是外人看不见摸不着的。有些记者为了把人物写得生动形象，不惜调动想象去揣摩人物心理，美其名曰"合理想象"，这就背离了新闻采写的真实性原则。

例如 1984 年 6 月在全国好新闻复评中，作品《九米拼搏》报道大客车司机毛计三为救乘客而牺牲的事实，这篇通讯中有一段写道：

> 当特别快车从土坡和茂林背后风驰电掣般窜出来时，他惊呆了……他绝没有想到，开车 10 年，铁轨不知越过万千次的他，竟会面对面与一列列车遭遇……焦灼、紧张、懊丧似无数钢针刺着他的心，要是有一米的宽余，或者再有一秒的延拓就好了，他可以避开撞击，可以将客车倒出来。可是，环境对他是那么苛刻和险恶。他一跃而起。大把大把地朝左猛打方向盘……他知道，只有将车头顺着火车前进方向，偏转过去，避免垂直方向相撞，才能将撞击烈度减到最小……

尽管这篇报道的主题思想很有现实教育意义，上述文字描写也很生动，但人已经牺牲了，这些心理活动是从哪里得来的？显然是记者的"合理想象"。

第四，新闻线索、信息来源要可信并应该交代清楚。保持信息真实性的另一个办法是指明信息的来源，一般说来，除了常识和记者亲眼所见的事实外，其他信息都有必要交代出处，这样做既是对读者负责，也是对记者的保护，否则就可能带来不必要的麻烦。报道十分敏感、容易对信源造成伤害的事件时，可以使用匿名、化名，除此之外，一般的新闻事件都要求信源是具体的，有单位、有职务、有姓名，不能仅用"有关人士""相关负责人""权威人士""消息灵通人士"代替。

二、注重时效性

所谓时效性，即新闻报道迅速及时。"新闻是易碎品""新闻只有24小时的生命"等说法都表明新闻是很讲时效的。时效性是新闻价值的重要构成因素。

与时效性相关的要求是时机性。时机性要求不是单纯求快，而是要注意时机，早了不好，晚了也不行，正好发表在合适的时机。表面上看，时机性似乎不那么强调快，但总的来说，"合适的时机"仍然是事件发生不久的时候。因此，时机的前提是时效性，其中仍然暗含着"求快"的因素。

记者必须树立高度的时效观念，要有"抢新闻"的意识。新闻事件发生后，记者要争取第一个到达现场，并展开高效的采访。采访中遇到困难，要尽快与编辑部进行联系沟通，建立一套行之有效、完整快速的反应机制。

世界新闻史就是记者追求新闻更快、更真、更广、更深的一部奋斗史。为了更快，记者要做好最充分的战斗准备，在新闻抢夺大战里获胜。采访的前期准备包括交通工具、通信工具、后勤物资、身体和心理素质等。特别是在一些灾难事件、重大突发事件中，为了尽快到达采访地点，需要为车辆备足燃油，安装好导航设备。为了顺利发稿，除了笔、采访本、相机之外，移动互联设备和电源也很重要。在采访时间无法预知的情况下，还要准备可供生活的背包、帐篷、衣物、食物等。平时还要加强身体素质锻炼，以适应长途跋涉的采访和通宵达旦的赶稿。

注重时效性，还涉及采写、编辑、印刷、发行等部门。就新闻写作而言，应当注意如下四点：

第一，树立高度的时效观念。新闻报道是否迅速及时，是一个国家新闻事业发达与否的重要标志，也是新闻行业竞争力强弱的重要衡量标准。一名合格的新闻工作者必须高度树立时效观念。

第二，提高新闻采、写、编的效率。提高新闻采写效率，重点是要做好充分的准备，包括对人物、行业的了解，对社会热点的把握。当前，大数据技术在新闻采、写、编中的运用促使新闻的生产及传播等产生新的变革，记者可以结合实际情况，将大数据技术有效应用到新闻采写以及编辑工作之中，以提高工作效率。

第三，改变报道方式，丰富报道手段。一事一报式的报道往往是待事件结束后再作报道。对于那些时间跨度较大的事件来说，这种报道方式显然速度太慢，不能满足人们及时了解事件的要求。在这种情况下，记者应采取灵活的做法，跟踪事件的发展，按事件发展的不同阶段做连续报道。有些新闻发生得非常突然，记者为了赢得时间，可先就事实情况作简讯，然后再深入采访，就新闻事件的背景、起因、经过、影响及各界的反应作连续深入的报道。

第四，写作中注意强调时间要素。一些记者时间观念较差，在报道新闻时总是忽略新闻六要素中的时间要素，常常使用"最近""不久前""前些日子"等模糊的词语，甚至通篇见不到一个准确的时间概念，这容易导致读者意识不到新闻时效，进而导致新闻失去本应有的价值。

三、用事实说话

报道是一种行为，行为背后有相应的动机。记者报道新闻事实，实际上有着双重的任务：一方面要把某件事情告诉读者或听众；另一方面表达记者或媒体选择的立场和观点，传播本身就是一种表达，是"说话"的延伸。

"用事实说话"是新闻报道客观性的重要体现。新闻报道客观性指新闻报道要尊重客观事实，按照事物的本来面目反映它。一是指内容上的客观，即新闻事实的客观存在性；二是指形式上的客观，即报道上善于寓褒贬于客观叙述中。

内容上的客观指新闻的真实性，前面已作讨论，下面主要阐述形式上的客观。记者只有如实地反映新闻事件本身的面貌，才能传达出真实客观的信息。然而，信息是对事实的主观反映，新闻写作就是对信息进行筛选、组织、表达等加工处理的过程，受记者修养、认知、立场、语言风格等的影响，难免带有记者的主观倾向。这样一来，新闻报道就存在客观性和主观性之间的矛盾。

"用事实说话"正是解决这对矛盾的正确方法。"事实"是客观存在，"说话"表达主观意图。新闻工作者要认识到，新闻客观性起着支配作用，新闻报道的主观倾向性要以客观性为基础。

（一）为什么要用事实说话

1. "用事实说话"使新闻具有说服力，容易吸引读者

俗话说，事实胜于雄辩。人们认识客观世界总是从具体的事实开始的，没有人先从抽象的概念来认识世界。用事实说话，寓情理于事实，符合信息交流与分享的基本特征，因而能够潜移默化地影响新闻受众，更具说服力。

2. "用事实说话"符合受众的接受心理

自尊是人的一项不可缺少的、高层次的心理需求。自尊意味着人们不愿意

事事听命于别人，不愿意由别人替自己做出判断。人们都希望能经过自己的判断得出结论。用事实说话，就满足了人们自尊的心理需求。

3. 用事实说话，是舆论导向的需要

用事实说话，关键不在于作者的直接议论，而是精心选择的事实以其本身的逻辑力量，充分而含蓄地表达作者的倾向与观点。由于倾向与观点不同，对同样一个新闻事件，可能出现舆论导向截然相反的新闻报道。

新闻舆论工作各个方面、各个环节都要坚持正确舆论导向。广播电台、电视台要讲导向，都市类报刊、新媒体也要讲导向；新闻报道要讲导向，副刊、专题节目、广告宣传也要讲导向；时政新闻要讲导向，娱乐类、社会类新闻也要讲导向。只有用事实说话，才能形成正确的、可信的、有影响力的舆论导向。

（二）怎样用事实说话

1. "藏舌头"

用事实说话的主要方法是"藏舌头"，指将意见或观点隐藏在叙述中，使"事实"这个客观存在与"说话"的主观意图达到高度统一。"舌头"是新闻记者要通过新闻作品表达的思想、主题，要说的"话"，但这个"话"并不直接说出来，而是通过精选的事实和对事实的安排，让受众自己去体会。例如下面这条消息：

> （新华社 1949 年 1 月 30 日电）世界驰名的文化古都，拥有 200 万人口的北平，本日宣布解放。……在知道了人民解放军即将开入北平之后，北平的工人、学生、市民连忙热闹非凡地筹备着盛大的欢迎仪式……从 1 月 23 日起物价顿然下降，街道上重新拥挤着欢天喜地的行人……

2. 用事实说话的具体技巧

在"藏舌头"这一主导方法下，有一些具体技巧可以提高新闻报道的可信度。这些方法可操作性强，在新闻写作实践中可以多加应用。

（1）一般用第三人称叙述，这样可以避免记者站出来表达主观意见，容易做到客观公正。

（2）注明消息来源，把要说的话"藏"在新闻叙述中。记者不能直接表达观点，但可以引用别人的观点，尤其是权威可信的观点。如果不涉及敏感的、可能对信息来源造成不利的信息，应写明说话者的真实身份和姓名。但有时引用只是一个幌子，实际上就是记者自己想说的话，艾丰在《新闻写作方法论》中称之为"假引述"。"假引述"常用"此间观察家认为""消息灵通人士说"

"据权威消息透露""据知情人士透露"等开头。这种方法只要是道出了真相，道出了本质，也是可以的，但运用时应谨慎。

（3）把倾向性"藏"在背景材料中。

（4）再现现场，用记者亲眼所见的场景说明问题。

（5）捕捉细节。刻画人物时，细节往往能生动真切地展现其个性特征、内心活动；表现社会生活时，细节往往能说明深刻的主题。

（6）对事实进行选择。将事实按与想表达的观点的相关程度进行优先级排序，控制各类事实所占比重和分量；优先级高的首先、详细写，优先级低的稍后、略写，无关的不写。

第二节　新闻判断

新闻写作首先遇到的问题是写什么，其次才是怎么写。信息要成为新闻，除了具备真实性这一核心价值外，还应该最大限度地引起受众的关注。如果新闻报道的内容没有意义，不能引起受众的广泛兴趣，那么再好的写作也无济于事。李良荣教授在《新闻学概论》里提出："选择事实是新闻工作具有决定性意义的一环。如果说文学的基本任务是调动各种艺术手段来塑造具有鲜明个性的艺术形象，那么新闻的基本任务就是在大千世界每日每时变动的无穷事实中挑选事实。文学是语言的艺术，新闻学是挑选事实的艺术。新闻工作者必须把注意力集中在选择事实上。"

判断信息能否成为新闻主要有三个层次：信息价值判断是第一层，仅仅涉及该信息是否引起受众兴趣、能引起多大的兴趣；新闻价值判断是第二层，需要较深入地考量新闻对社会的影响等；媒体的价值取向是新闻判断最后也最复杂的一层，要根据不同类型媒体的编辑方针，结合信息价值和新闻价值考量，对新闻事件是否报道、何时报道、如何报道、重点在哪里、从什么角度报道等做出判断。

由此可以看出，新闻判断是一个综合运用各种知识、经验的复杂的过程，新闻判断能力是衡量记者水平的重要指标。只有不断地了解受众，丰富知识储备，提高理论、政策水平，了解媒体，才能不断提高新闻判断能力。

一、信息价值

信息如果不能引起受众的关注，就没有任何意义，受众的关注是信息传播的前提。信息受众数量的主要决定因素就是信息价值。信息价值指"事实本身

包含的引起社会各种人共同兴趣的素质"，主要包括反常性、时效性、重要性、显著性、接近性、趣味性、人情味、实用性等八种要素。一般情况下，信息所含上述要素越多，价值也就越大。

（一）反常性

有一组著名的公式："平常人＋平常事＝0；不平常人＋平常事＝新闻；平常人＋不平常事＝新闻，不平常人＋不平常事＝新闻。"人天生喜欢关注反常的事，而对于那些司空见惯的事物不感兴趣。下面就是一篇"平常人＋不平常事"的新闻报道：

20年考60次　81岁"考爷"毕业

这位全省年龄最大的自考生表示，他要再用5年时间，争取拿到本科毕业证

农民大爷会如何度过他的耄耋之年？是在家守着一亩三分田，还是跟乡亲们喝茶摆龙门阵？广元市剑阁县汉阳镇81岁的张冰大爷选择了读书：他用20年的时间参加了60多次自考考试，本月终于拿到了川大法律专业的专科毕业证书。这位全省年龄最大的自考生表示，他要再用5年时间，争取本科毕业。

不气馁，20年考了60多次

前几天，张冰大爷接到了四川省教育考试院送来的毕业证书和考试成绩合格单，这距他第一次参加自考，已经整整过去了20年。这20年里，他参加过60余次考试，在考场上完成过200多张试卷，目前已通过法律专业15门课程的考试。其中，《马克思主义哲学原理》得到62分、《法律基础与思想道德修养》拿到了60分。张冰笑呵呵地说："我最高的成绩考过70多分，比一般年轻人还考得好。"最终，他成为名副其实的"学霸考爷"——以全省最大年龄的自考生身份，成为川大法律专业的专科毕业生。

基础差，前5年一门功课都没过

1993年，张冰大爷报名参加全国高等教育自学考试时，就已是一位花甲老人，本该安度晚年的他却"很不安分"。原来，张老爷子年轻时曾是四川省监狱管理局的一名工作人员，当时因为一些缘由不得不回到剑阁老家务农。当他有机会重新进城工作时，又遇到了年龄、身体等"障碍"。正是这样的经历，促使当时61岁的张大爷重拾课本。

由于还要干农活，张大爷常常五点起床看书，七点出门干活路，回来

再接着看书。由于基础不好，自考前5年一门功课都没有通过，尽考二三十分。女儿张子英很心疼父亲，怕考试太耗神影响身体，就把他的书藏起来。每到此时，张大爷的脾气就变得很大，"义正词严"地要求女儿把书交出来。据了解，这些年张大爷学习过的书装了数十个塑料编织袋，已经堆成"小山"。张大爷表示，参加自考已经成为他的精神寄托。

太用功，突发脑溢血住进医院

在拿到毕业证之前，张大爷还因看书用脑过度、缺乏休息，突发脑溢血住进医院，但倔强的张大爷还是把《公司法》等专业书籍搬进了医院，一边输液一边做笔记。老人家表示，他要再用5年时间，争取成为川大法律专业的本科生。

据悉，张冰大爷的自考事迹打动了许多人，大家亲切地称他为"广元考爷"，并推荐他候选"感动剑阁十大人物""感动广元十大人物"。

（《成都商报》2013年2月4日　记者江浪莎）

（二）时效性

新闻报道要传播信息，信息是以时间为生命的。毫无疑问，事件发生与信息传播的时间差越小，信息价值就越高。

一些重要信息甚至会对政局、经济产生影响，尤其在股市、期货市场、货币汇率等方面，受众早得到信息，早采取措施，就可以避免不必要的损失。"时间就是金钱"，对媒体来说同样如此，一条新闻，尤其是重大新闻，某家媒体比其他媒体早一分一秒报道，其经济效益和社会效益都可能大不一样。在美国，一个电视频道的收视率每提高1个百分点，该频道全年的收入就增加超过1亿美元。据1998年以来的统计，美国三大电视网ABC、NBC、CBS关于全球、全美重大新闻事件每年都有数千条新闻报道，而在报道时效性上，各台每年平均时差不到1分钟。

（三）重要性

人们获取信息当然有多种多样的目的，但与切身利益相关永远是人们获取信息的首要原因。越是影响公众利益的信息，其价值越大。

重要信息通常是与国计民生相关的。政局的变动、重大法律法规的出台或修订、疾病流行、价格变化、科技突破、食品质量、生态环境、银行利率和货币汇率升降、股市和期货市场涨跌等，都是重要信息。

例如，2005年12月29日，十届全国人大常委会第十九次会议决定，自2006年1月1日起废止《中华人民共和国农业税条例》，这标志着在我国

农业税从此退出历史舞台，是具有划时代意义的一件大事，具有重大且深远的现实和历史意义。这样的信息具有很高的价值，全国各大媒体当然会大力报道。

（四）显著性

显著性是指信息主体对社会有重要影响。比如，身负要职的官员，他们的言行，往往和政策、重大措施密切相关，是公众关注的重点。又如各领域的重要人物、名人，其言行举止都会对相关领域甚至全社会形成引导力量。影响舆论及至社会风气，相关信息便具有显著性。

（五）接近性

接近性指信息与受众的接近程度，主要指地理、心理及利益关系等方面的接近。一般情况下，与受众距离越近、关系越密切的信息，其价值就越大。地理上的接近，是指相关事件发生地与受众所在地比较接近，因为人们总是首先关心自己身边发生的事情。心理上的接近主要指由于地位、身份、职业、经历等的相似，而容易引起情感的共鸣，比如大学毕业生更关注就业形势，农民更关注惠农政策，公务员更关注机构改革。

（六）趣味性

充满趣味的信息能够使人放松心情，满足好奇心，给生活增添乐趣，受众自然愿意关注。这样的信息通常适用于写社会新闻，如"三人花20万人民币造17万假币""英国马拉松仅一人完成比赛，第二名带着五千人跑错路""女子为吓男友报警称其是逃犯，警方调查后发现真的是逃犯""男子酒驾遭查跳广场舞，因跟不上节奏被识破""浙江夫妻幻想中奖500万，因分配不均大打出手"，等等。

（七）人情味

感动、愉悦、羡慕、悲悯、赞美、憎恶……人情味源自人性，是人类情感的自然流露。有人情味的信息可以引起受众的情感共鸣，因而具有价值。

以具有人情味的信息为基础的新闻应聚焦个体，注重发掘细节，如获得第二十八届中国新闻奖文字消息二等奖的作品：

收养脑瘫儿14年　环卫工夫妇感动众人

那是今年夏天的一天，冯亚宁下班回家，屋子里闷热极了。儿子飞飞坐在床上，先是冲她摆手，接着吃力地喊了一句话："妈，你累了。"冯亚宁的心颤抖了，愣了老半天，两眼一热，泪就流下来了，"妈不累，妈给你做饭"。

不忍孩子被第二次抛弃

昨天上午，西安南郊郝家村的出租屋里，冯亚宁带着飞飞，在院子里练习走路。

冯亚宁拽着飞飞的手，用同样的步子，小心翼翼走在旁边——因为脑瘫导致肌张力过高、肌肉痉挛，这个 14 岁的男孩连走路都是刚学会的。

飞飞是捡来的。2003 年正月，家住蓝田县安村乡的冯亚宁在家门口不远的地方，捡到一个男婴。"我当时有个女儿，这个男孩白白胖胖，挺讨人喜欢，想着姐弟俩可以做个伴，就抱回了家。"

异常情况出现在飞飞一岁多的时候，"不会翻身，不会爬，每次哭的时候，头都向后仰着。"冯亚宁带飞飞到医院检查，被诊断为脑瘫。

去医院那天，下大雪，冯亚宁在医院院子里号啕大哭。

彼时，丈夫在河南打工，冯亚宁在家种着 4 亩地，如果留下这个脑瘫的儿子，她得比常人多无数倍的付出，"孩子已经被抛弃过一次了，我怎么忍心再抛弃一次？"

孩子从没离开过视线

那似乎是最困难的时候。飞飞无法独立走路，连穿衣吃饭、大小便都无法独立完成，每次下地干活，冯亚宁手里拉着女儿，背上背着儿子，"谁都看不起我们，说我傻，捡这么一个孩子。我这辈子啥事没干成，但也没做过啥亏心事，我们捡了这孩子，就要好好待他"。

2008 年，冯亚宁夫妇一起来西安打工，将飞飞也接了过来。

从北郊到南郊，夫妇俩干过很多份工作，后来成了小寨路街道办的环卫工，但飞飞从没有离开过两人视线，"娃的吃喝拉撒睡，都要有人管，所以家里每天都会留一个人，家里的灯每天都会亮着"。

14 年过去了，夫妇俩将全部的心血，倾注到了飞飞身上，飞飞也慢慢学会了从 1 数到 10，还能用很含糊的声音，说一些简单的话语。他们的故事，感动了附近的很多人。

"我的大女儿今年 20 岁，对飞飞这个弟弟很照顾，这让我们很欣慰。"丈夫胡启亮说，"今后的路不管多难走，一定会不抛弃不放弃。"

（八）实用性

人们希望更多地知道对他们有用的信息，帮助他们做出正确的决定。比如交通状况信息可以帮助驾车者合理选择交通线路，天气信息可以成为人们出行的参考，商品发售或打折等信息可以指导人们的消费。

新浪网新闻总监说过："新浪以实用性为其第一价值，这个实用性可能有很多种了。可能给你带来投资，可能给你带来很大影响，或者确实是国家的重要政策，这些都是实用性。"1917年普利策新闻奖刚创立的时候，只有两个奖项，为"公共服务成绩优异奖"和"新闻奖"，后来增至14项，"优质公共服务奖"仍居首位，可见实用性的重要。

信息价值各要素间并不是泾渭分明的，有时各要素会相互补充和交叉，比如一些政要的决策及活动对人们的社会生活往往产生着直接的影响，其显著性正是其重要性的来源；国家的经济政策，直接关系到人们的利益，对人们的投资决策产生重大影响，这样的新闻既有重要性又有实用性。

二、新闻价值

新闻价值和信息价值一样是记者进行新闻判断的重要环节。两者的区别在于，信息价值是一种中性判断，这种判断只关心受众是不是愿意关注这条信息，而并不关注这些信息对受众的意义；新闻价值则要对信息做出意义的判断。也就是说，新闻价值判断是对信息的社会影响力的评估，或者说是社会效益评估。具体工作中，新闻价值判断贯穿于选题、采访、写作、审议、编辑以至刊发的全过程。

新闻价值判断涉及思想性，"思想性是新闻报道的灵魂"，新闻报道必须要有思想性，这是新闻舆论工作性质决定的。即使是客观性报道，记者对于事实本身也要心中有数，明白其价值所在。

新闻价值判断包含五个层面：

（1）新闻的利益判断，即新闻给社会方方面面带来的利害得失，是利益判断的核心问题。

（2）新闻的性质判断，即新闻事件的本质：是或非、成或败、对或错、好或坏、罪或非罪、正面或负面、积极或消极、先进或落后，等等，是性质判断所要回答的关键问题。

（3）新闻的态势判断，大到国际国内形势，小到商品的价格走势，顺或逆、进或退、高或低、升或降，是态势判断所要确定的问题。

（4）新闻的意识形态判断，涉及精神层面的问题，先进或腐朽、精华或糟粕、有益或有害、光荣或耻辱、文明或愚昧，等等，这是意识形态判断经常遇到的问题。

（5）新闻的影响判断，即新闻的社会影响，有或无、大或小、强或弱、长期或短期、全局或局部，等等，这是影响判断不能回避的问题。新闻的影响判断涉及各个领域：①政治影响——对政局的巩固或削弱，对政策法规的维护、强化或冲击；②经济影响——对经济发展的实际作用是促进还是抑制；③社会影响——对社会稳定造成的影响，给公众带来的实际结果；④生态影响——对生态环境造成的影响；⑤文化影响——对文艺繁荣的促进作用，对健康向上的舆论环境的引导作用。

人们常说，现实是复杂的，事实是多面的，意思是说：不同的事实有不同的意义，而同一事实在不同的联系中也有不同的意义；事实本身往往利弊得失兼有，不同的人出于不同的立场和认识会做出不同的解读，得出不同的价值判断。

因此，新闻的价值判断必须要有价值坐标，这个坐标就是国家的主流价值观，主流价值观由一个国家法律、政策以及各学科的基本理论构成。记者遇到的永远是新问题、新现象、新事物，在新闻写作时不能用感情代替政策，不能以老经验判断新事物，需要以主流价值观为坐标，不停地学习、研究。

三、媒体的价值取向

媒体的取向是媒体依据各自的经营定位、受众群体、创办理念等，对信息价值、新闻价值等一系列判断的具体运用。

同样一条新闻，对有的媒体来说很有价值，对有的媒体来说可能没有价值，这跟媒体的价值取向有关。媒体的价值取向和媒体分类密切相关，具体来说有三种分类方式。

（一）以受众定位来分

1. 综合性媒体和专业性媒体

综合性媒体面向全社会，面向不同职业、年龄、性别、收入和社会地位的受众。广播电台、电视台的新闻综合频道，都市报、晚报等就是综合性媒体。专业类媒体可以说是分众化或小众化媒体，面向特定职业、特定年龄、特定兴趣、特定性别的受众，财经类、体育类、教育类、娱乐类媒体就是专业性媒体。

2. 严肃媒体和通俗媒体

严肃媒体以政府官员、企事业主管和知识分子为主要受众，通俗媒体以普通公众为主要受众。以报媒为例，各级党报多为严肃媒体，都市报、晚报多为通俗媒体。这种分类以受众偏好来划分，是对偏好内容的区别，而不是品质优劣、价值高下的判断。

（二）以发行覆盖面来分

1. 全国性媒体

中央级媒体，例如中央电视台、中央人民广播电台、《人民日报》《经济日报》等以全国公众作为受众，必须关注广大受众的需求，以播出、发表全国各地都关注的重大新闻为主。

2. 地方性媒体

地方性媒体以发布特定区域的新闻为主。中国疆域广阔、历史悠久，各地的文化传统、思想观念、经济发展的差异很大，各地受众对本地新闻尤为关注。

同一事件，全国性媒体和地方性媒体关注的重点不一样，对信息就会有不同的取舍。

（三）以创办理念来分

以创办理念来划分媒体，最能显示媒体的不同价值观。各种不同的价值追求主要分为经济效益和社会效益两大方面。

经济效益直接涉及报纸发行量，广播电台、电视台的收听、收视率，新媒体的流量，而社会效益更关注受众接触媒体以后的反应。任何媒体都既需要经济效益，又需要社会效益，只是不同媒体有不同侧重，各看重两个效益的不同方面。一个负责任的媒体在经济效益与社会效益发生冲突时，应优先考虑社会效益。

思考和练习

1. 新闻报道的基本原则有哪些？

2. 新闻价值判断包含哪些基本内容？

3. 从 2002 年开始，《新闻记者》杂志每年都会推出"年度十大假新闻"，请剖析上一年度十大假新闻的成因与趋势。

第二章　新闻语言

第一节　新闻语言的独立性

语言分为书面语和口语。书面语又称为标准语，是在口语的基础上产生的，把书面语言运用到各个领域，就形成了文艺语言、新闻语言、公文语言、论文语言、广告语言、外交语言、法律语言、宗教语言等不同领域的语言形式。每种领域的语言都有其特点，有其内在规定性和独立性。

新闻语言，以现代汉语为基础，具有公文语言的朴实与庄重，文学语言的感情与形象、法律语言的准确与严谨、广告语言的通俗与简练，汲取了多种语言成分的营养，具有相对的独立性和文本规范性，适应了新闻报道的特殊要求。

新闻语言并不是一开始就有自己的独立形态。我国在 19 世纪以前尽管已经有了书面形式的"新闻"，却没有出现新闻语言。我国古代新闻活动使用的书面语言属于事务语体类。唐"邸报"和后来的"京报"所传抄的谕旨、奏章，用于宣传政令和战况的揭帖、旗报、牌报等所用的语言都是当时的事务语言，亦即官方文书用语。

近代新闻事业的出现，使新闻语言得以产生和独立。

鸦片战争之后，上海《申报》《新闻报》等相继创办，报纸上的消息、电讯、游记明显增多，新闻语言也在孕育中。中国人自己办的最早的一批近代报纸虽然发表的多是文言体记叙文和政论文，但日益摆脱原来的事务语言的束缚，加强了新闻特有的语言风格，开创了"报章文体"（或称"时务文体"）。

19 世纪末，在上海等地出现了几家完全用口语写作的白话报刊，促使新闻语言进一步接近广大民众，这在当时具有同封建文化作斗争的积极作用。后来，随着五四新文化运动兴起，中国共产党创办报刊，工人、农民走上政治舞

台，新民主主义革命取得胜利，新闻语言从不稳定到稳定并逐步完善。

一、新闻语言不同于宣传语言

众所周知，新闻和宣传都是人类社会中重要的传播活动。两者之间有联系，也有明显的区别。

首先，两者的传播内容不同。新闻所传播的是关于新近发生事件的信息，是一种反映客观事物变动状况的陈述性信息；宣传所传播的是思想观念，是一种推理性信息，是宣传者对客观事物的观点、态度和主张，往往以抽象的说理代替事实的叙述，夹杂了许多抒情和议论成分。

其次，两者的社会功能不同。新闻传播的基本功能在于告知，让受众了解客观事物的状况；宣传的基本功能在于劝服，让受众接受宣传方的思想、观点或主张。

最后，两者的传播规律不同。新闻的传播是一次性的，第二次、第三次传播的内容就不能再称为新闻；宣传却需要经常重复，以加深人们的印象，并往往用多种不同的形式反复宣传同一种观念。新闻传播要求定量的准确；宣传要求定性的准确，即观点和材料的统一，观点要求正确鲜明，材料要真实典型。

二、新闻语言不同于文学语言

新闻语言与文学语言有很多相似之处，如都要求简洁、生动等。但二者也有明显的区别：新闻语言以准确为核心，文学语言以生动形象为追求；新闻忠于现实，很少使用比喻、拟人、夸张等修辞手法，文学需要想象，借助各种修辞手法以增强艺术感染力；新闻语言强调实用性，文学语言强调审美性；新闻只能选择事实，文学则须塑造形象。

有语言研究者选了两段叙述"暴雨成涝"的文字，分别属于文学语言和新闻语言，对两者做了一番比较。

一段取自浩然长篇小说《艳阳天》：

> 狂风暴雨摇撼着东山岛，雷鸣夹着闪电，闪电带着雷鸣。那雨，一会儿像用瓢子往外泼，一会儿又像筛子往下筛，一会儿又像喷雾器在那儿不慌不忙地喷洒——大一阵子，小一阵子；小一阵子，又大一阵子，交错、持续地进行着。雨水从屋檐、墙头和树顶跌落下来，摊在院子里，像烧开了似的冒着泡儿，顺着门缝和水沟眼儿滚出去，千家百院的水汇在一起，在大小街道上汇成了急流，经过墙角、树根和粪堆，涌向村西的金泉河。

另一段选自 1983 年 6 月 17 日《南方日报》刊登的消息《今天凌晨广州市降特大暴雨》：

> 昨晚午夜前后，广州市雷声隆隆，电光闪闪，倾盆大雨，下个不停。据广州市气象观测站报告，仅今天凌晨一个钟头之内，就已降雨 145.5 毫米。这场特大暴雨，是广州市今年以来下的最大的一场雨。由于这场暴雨来势猛，雨量大，暴雨时间长，使得广州市地势低洼的一些路段渍水淹进了部分厂房、仓库和民房等，郊区一些地势低洼的菜地渍水成涝，造成了一定的损失。有读者来电，东风东路水均大街和水均南街有近 200 户住在大楼底层的居民受水浸，室内积水深 30 多厘米，至 2 时发稿止，暴雨还在继续不停地下着。

以上两例文段在语言风格和用词上显然不同：

第一，语言效果不同。前段文字在于艺术地再现生活真实，因而不注重暴雨降雨量的精确程度、雨涝损失的精确程度，而是注重暴雨成涝的形象画面，使读者形成感性感知。而后段多使用精确数量，目的是使读者获得关于暴雨成涝的准确、科学的信息。

第二，搭配关系不同。前段中，用词沿着形象的动势连贯交错，结构关系自然流畅，组成形象关系。后段文字结构界限明显，精确数量往往与模糊性语句形成递进的说明关系：第三句从时间上纵向对这场雨的程度作精确比较；第四句是概括地交代暴雨成涝的因果；第五句较精确地说明损失程度。模糊语句抽象概述，精确表达具体说明，这是新闻语言常见的搭配。

第三，定量要求不同。文学语言多用模糊词，比新闻语言笼统，形容性强，而定量性弱。如前一段中的"大一阵子，小一阵子""千家百院""大小街道"等。新闻语言定量要求相对较高，如后一段中的"昨晚午夜前后"比笼统地称"昨夜"要相对精确；"近 200 户""30 多厘米"，要比"几百户""几十厘米"精确；"一些路段""部分厂房"，要比"千家百院""大小街道"精确。

第四，修辞方式不同。文学语言多用夸张、比喻、拟人等方式组织语言，如前段形容雨大如"喷洒"，比喻的修辞表达不可能精确，但形象生动。新闻语言则多用平实的叙述，这也是新闻语言重精确的表现。

三、新闻语言不是"新闻腔"

"新闻腔"指的是细节缺失、文风浮夸、模式陈旧、语言刻板的新闻写作风格，具体表现为新闻写作中空话、套话较多，有"公文化""材料化"的倾向。

比如在写会议或活动时，总是"在……形势下""在……鼓舞下""大家一致认为……""群众纷纷表示……"等，有的报道一开篇就是"为了……"，关注事实的目的或意义胜过了事实本身，这样的新闻是难以达到理想的传播效果的。

第二节　新闻语言的基本要求

新闻报道应当迅速传播事实信息，吸引受众关注，因此在语言运用上要求：客观、准确、具体、简洁、通俗。

一、客观

"叙述事实"，即真实性，是对新闻报道的基本要求，它要求新闻多用客观的中性语言，避免带主观色彩的表达。

（一）多用中性词，少用褒贬词

比如"指责""怒斥""宣称""咆哮""叫嚣"等都有"说"的意思，但都带有较强的感情色彩，新闻报道应尽量使用"说""回应""表示""认为"等中性词。

又如"成果""结果""后果"和"恶果"这一组词，词义相近，但感情色彩不一样，"成果"是褒义词，"结果"是中性词，"后果"是贬义词，"恶果"更是有明显的批判意味。在非必要情况下，新闻报道应尽可能使用"结果"这一中性词。

中性词并不直接表露记者的主观倾向，符合新闻语言客观地叙述事实的要求，但新闻可以通过事实去影响受众。以《上海严寒》为例：

（新华社　上海1957年2月12日电）这几天上海街头积雪不化，春寒料峭，最低温度下降到摄氏零下7.4度，上海人遇到了有气象记载的80多年来罕见的严寒。10日和11日，这里出现了晴天下雪的现象。晴日高照，雪花在阳光下飞舞，行人纷纷驻足仰望这个瑰丽的奇景。

"前天一夜风雪，昨夜八百童尸。"这是诗人臧克家 1947 年 2 月在上海写下的诗篇《生命的零度》中开头的两句。这几天要比 10 年前冷得多，但据上海市民政局调查，到目前并没有冻死的人。民政局已布置各区加强对生活困难的居民特别是孤苦无依的老人的救济工作。为了避免寒冷影响儿童的健康，上海市教育局已将全市幼儿园的开学日期延至 18 日。

这条消息没有用带感情色彩的词语鞭笞旧社会、赞美新社会，没有议论和抒情，而是用不动声色的叙述和描写将主观情感隐藏在客观事实中，让我们看到了在新旧社会同样的严寒的不同社会情况。

（二）少使用有倾向性的形容词及副词

有些形容词常常传达出说话人自己的判断，是说话人的主观印象，缺乏事实支撑。如"精彩的演讲""英明的决策""重大的发现"等，演讲是否精彩要听众说了算，决策是否英明要实践来证明，发现是否重大要效益来衡量。随意使用这些主观色彩很浓的形容词，等于把自己的主观意志强加给读者，容易引起读者的反感，甚至引来不必要的麻烦。

1999 年 9 月 17 日，某报以《县政府的车，暂扣！》为题，报道某法院执行一起经济合同纠纷案的过程。全篇报道基本属实，案情交代明白，但是文中写该县一位领导对法官"气势汹汹地说"。这位县领导看了新闻，认为他并没有这样，说他"气势汹汹"就等于说他藐视法官，因而状告该报侵害其名誉权。后调看现场录像，这位县领导当时确实不能算是"气势汹汹"。经了解，"气势汹汹"一词是记者为加强现场感而主观想象的。

一些表程度的副词，如"很""非常""十分""最""太""极""更加""越发""格外"等，也是一种主观感觉，把这类词去掉，并不会影响所要表达的意思，不会削弱新闻报道的感染力，反而会让报道更准确。

在新闻写作中完全不用形容词是不可能的，但使用要慎重。在选择形容词的时候要注意以下几点：

一是不用意义模糊的形容词。要用具体的事实来说明事物的形状和特征，如不用"天气很热"而用"气温高达 38℃"。

二是要用可视、可听、可感的形容，少用抽象空洞的形容词。如获得第十六届中国新闻奖通讯一等奖的作品《索玛花儿为什么这样红——记优秀共产党员、木里县马班邮路乡邮员王顺友》（新华社记者张严平、田刚采写）开篇对王顺友的外貌描写：

眼前这位苗族汉子矮小、苍老，40岁的人看过去有50开外，与人说话时，憨厚的眼神会变得游离而紧张，一副无助的样子，只是当他与那匹驮着邮包的枣红马交流时，才透出一种会心的安宁。

三是恰到好处，切忌堆砌。在叙述事实的过程中形容词可以起到画龙点睛、锦上添花的作用，但不能刻意追求语言华美而堆砌形容词。如有篇新闻这样写一位女诗人：

她以恬淡而优美的诗篇，使自己的灵魂挣脱肉体的躯壳而获得了独立的存在方式，她以定向不定量、内涵十分丰富的诗的语言为媒介，再塑了自己傲然独立、超群脱俗的"内在生命"……

这样写外交家：

外交人员，特别是外交家，在我们局外人看来，庄严、神秘、高深莫测，是可敬而不可即的职业。从开国元勋、赫赫有名的大外交家陈毅，到大名鼎鼎、潇洒倜傥的大才子乔冠华，至当今的中国驻美大使李肇星，这里的"家"不仅包含了对其才华的敬重，也蕴含了对其才华的敬恭和钦佩，代表泱泱大国，敬而不疏，近而不谑。

这种语言不要说在新闻中，就是在文学的语境中，也是雕琢过甚，让人不知所云。由此可见，过多地使用形容词，只会给人一种华而不实的感觉。

四是不能借题发挥，泄个人私愤。对人物事的描写不得用攻击性或是侮辱性的词语。

（三）多用叙述，少用议论和抒情

叙述是新闻写作的基本表达方式，它强调内容的实在性，一句话要说明一个内容，表达一种意思。议论是主观意见的表达，新闻报道中要少用议论。如："某某县委、县政府领导接到报告后极为重视，立即组织县卫生防疫站和有关医院的人员赶到该村，将中毒人员分别送往乡、县、市医院进行抢救和治疗。"这里，"极为重视"就是议论、评价性语言。接到报告后，立即组织人员进行了抢救，这种行动本身就说明了重视程度，用"极为重视"来评价，显得画蛇添足。

需要议论的时候，可以引用他人的看法来间接表达意见。如："某某说，他讲课非常精彩，是一位深受学生喜爱的老师。"必要时，可作直接议论，但必须准确、公正、简明，切忌大段议论，甚至论而无据的情绪宣泄。

所谓"必要"，主要有两种情况：

（1）事实的内在意义或性质不清楚，需要记者明确指出，这种情况主要出现在一些专业报道中。

（2）读者虽能理解事实的性质和意义，但恰当加入简练的议论可使事实表现更有力，同时也能使读者产生共鸣。

议论常常需要客观事实作为支撑，形成"议论＋事实"的表达模式。如：

> （美联社 智利圣何塞 2010 年 9 月 29 日电）随着隧道挖掘工作进一步加快，33 名被困矿工有望提前获救，矿工家属非常高兴。
>
> 官员们报告说，昨天，其中一台挖掘机的进度达到了预期速度的两倍，家属们笑着相互拥抱，并高喊："智利，万岁！"

导语中出现了议论性语言"进一步加快"和"非常高兴"，接着记者就提供了对"进一步加快"和"非常高兴"的客观事实支撑：进度达到了预期速度的两倍，家属们笑着相互拥抱。

又如《南方周末》2004 年 9 月 16 日特稿《释永信：少林操盘手》中的片段：

> 强烈的现代意识是释永信身上最鲜明的特点。细节的例证是他说话常常用非常通俗流行的词汇。在现代规则的指引下，今天的少林寺走上了一条并不避世但备受争议的道路。1993 年，漯河一食品厂推出"少林"牌火腿肠，广告中无数火腿肠从少林寺山门内"嗖嗖"飞出，释永信坚持把官司一打到底，他很早就意识到了知识产权的重要；1996 年，当国内对互联网还一片懵懂时，他出访英国"发现这玩意好"，回国便建立了少林寺网站；他派寺僧出外学习，前往北大、清华以及英国、新加坡等等，他说"中国寺院现在最缺的就是人才和师资"。从 1989 年 6 月释永信携少林寺武僧团全国巡演至今，武僧团的足迹已经遍及多数国家。

"强烈的现代意识是释永信身上最鲜明的特点"是记者的主观判断，后面的事实材料是对这一判断的支撑，这样的判断有理有据，读者容易接受。

和议论一样，抒情手法也应尽量少用，因为它与议论在性质上是相同的，都是主观倾向的表达。只有在一些特殊的、能引起读者较强情感共鸣的题材中，可以偶尔简练地抒情，但只需点到为止，不可过度渲染。如前面提及的新华社记者张严平、田刚采写的《索玛花儿为什么这样红——记优秀共产党员、木里县马班邮路乡邮员王顺友》的结尾就使用了间接抒情：

> 5月的凉山，漫山遍野盛开着一片一片火红的花儿，如彩虹洒落在高原，恣意烂漫。同行的一位藏族朋友告诉记者，这种花儿叫索玛，它只生长在海拔3800米以上的高原，矮小，根深，生命力极强，即使到了冬天，花儿没了，它紫红的枝干在太阳的照耀下，依然会像炭火一样通红。
>
> 噢，索玛花儿……

新闻写作中的议论和抒情常常出现在通讯、特稿中，很少在消息中使用。使用议论和抒情时，要有事实作铺垫和支撑，使受众容易接受，实现良好的传播效果。

二、准确

新闻是对客观事实的反映，要求语言必须与事实相符合，用语要规范，不浮夸，避免用词失当、模棱两可、含混不清。

（一）新闻要素不能失实，时间、地点准确，确有其人，确有其事

2017年1月2日，某网站发布新闻《大学生娶同学妈妈　背后隐藏的真相竟是这样》，文中称："近日，河南一酒店举办了一场特殊婚礼，一位年纪21岁的帅气大学小伙迎娶一位比自己大了34岁离婚中年大妈，然而这位大妈竟然是自己大学室友的亲生母亲。"1月3日，河南省公安厅官方微博"平安中原"辟谣称，类似谣言已在多地传播数年。警方经调查发现，早在2013年类似的消息就曾出现在广东广州、江苏无锡、福建平潭等不同地方。这些消息内容雷同，所用的配图也几乎一致，并都提及某种保养品或美容项目，涉嫌恶意营销。这条"新闻"除了猎奇之外，没有任何社会价值。对这样没有明确时间、地点、人物等要素的稿件，要提高警惕，对其真实性多加验证。

（二）用词要符合常识

例如，有记者在报道全国"两会"时，用"某某当选政协委员"，这里的"当选"就是用词错误。我国政协的主要职能是政治协商和民主监督，政协委员"以协商推荐的方式产生"，根本没有经过选举，也就没有"当选"一说。

又如，要说某人是"犯罪嫌疑人"，必须已经司法机关刑事立案，要说某

人是"罪犯",则必须以人民法院发生法律效力的定罪判决为依据,因为现行法律规定"未经人民法院依法判决,对任何人都不得确定有罪"。

（三）感情色彩要得体

新闻语言需要和环境保持和谐一致,注意适应不同的情境和条件,要拿捏好分寸。

汉语中的一些词除了基本意义外,还体现出不同的感情色彩。如同样是"死",有"逝世""遇难""牺牲""就义""断气""丧命""伏法"等词,它们的情感色彩不一样。马克思说恩格斯之死是"当代最伟大的思想家停止思想了"。1959年美国国务卿杜勒斯病死。他在国际活动中推行"战争边缘""大规模核报复"以及对社会主义国家的抑制政策;他敌视新中国几乎到了疯狂的地步,在1954年日内瓦会议召开前,他亲自向美国代表团下令:禁止任何美国代表团人员同任何中国代表团人员握手。中国人对杜勒斯没有好感。《人民日报》发表他病死的消息时,用了客观的语言"杜勒斯病死"。另一家全国性的报纸也做了报道,但标题是"杜勒斯病逝",这引起了很多读者的不满,他们写信给报社,指出"病逝"一词用得不当,因为这个词含有哀悼和尊敬的色彩,用在杜勒斯身上,伤害了中国人民的感情。

（四）注意精确与模糊的辩证统一

新闻以客观性为基础,以真实性为准则,当然重视语言文字的准确性。但是,语言的准确性并不排斥语言的模糊性。语言的模糊性,是指义所体现的概念外延没有泾渭分明的界限,但此概念的核心内涵仍是明确的。如"早晨"与"中午"、"青年"与"老年"、"胖"与"瘦"等,这些词语所表示的概念外延没有明确界限,但意义清晰可辨。模糊是自然语言的客观属性。从词的概念上说,词义越丰富,信息含量越大,词义外延也就越模糊。另外,新闻报道的客观事实也可能是模糊而难以界定的,因此在进行新闻报道时就不可回避模糊语言,这反而是尊重客观事实的表现。语言的准确与否是相对的,没有绝对的准确;模糊不等于含糊,模糊语言也能做到准确。新闻的高度概括需要模糊语言。社会语言学家陈原在《社会语言学》里说:"准确性在一种情况下要求更大的精确性,在另一种也可以容忍一定的模糊性。"类似"大约""将近""左右""很多""很丰富"等,都是模糊语言。前面《上海严寒》这篇消息中"行人纷纷驻足仰望这个瑰丽的奇景","纷纷"就是一个模糊语言。

1951年6月6日《人民日报》发表《正确地使用祖国语言,为语言的纯洁和健康而斗争》的社论,这篇社论先由时任《人民日报》总编辑邓拓写成初稿,经中央领导同志认真修改,最后由毛泽东定稿,初稿中有一句:"我们的语言经过几千年的演变和考验，一般地说来，是丰富的、精练的。"这段文字的毛病在于"几千"两字。语言由来已久，有人类就有语言，何止几千年？于是，毛泽东将"几千"改为"多少"，改后词语本身更是模糊了，但意义表达更加准确了。

模糊语言是人类正常交流的基础，新闻语言离不开模糊语言。具体写作中，什么时候应精确，什么时候应模糊，要根据新闻主题的要求、信息的重要程度以及具体的语言环境来确定。

三、具体

新闻必须用事实说话，因此新闻语言要求陈述实实在在的内容，避免空洞抽象的词语。新闻语言要做到具体，须注意以下几点：

（一）多用子概念，少用母概念

请看以下三个例句：

> 一个人在吃东西。
> 一个孩子在吃水果。
> 一个婴儿正在吮吸杨梅。

这三句话，一句比一句具体，原因在于由母概念不断地走向子概念。越是具体的概念，越能突出事物的特点，越能给人以清晰的印象。

（二）多用动词和名词，少用抽象的形容词

准确地使用动词能让人物形象更加丰满，让语言富于节奏和画面感。如《索玛花儿为什么这样红——记优秀共产党员、木里县马班邮路乡邮员王顺友》中的一段：

> 王顺友至今记得，他8岁那年冬天的一个夜晚，做乡邮员的父亲牵着马尾巴撞开家门，倒在地。"雪烧伤了我的眼睛。"母亲找来草药煮沸后给父亲熏眼。第二天清早，父亲说，看到光亮了。他把邮件包往马背上捆。母亲抱着他的腿哭。父亲骂她："你懂什么！县里的文件不按时送到乡上，全乡的工作就要受影响。"

"牵""撞""倒""捆""骂"几个动词，生动展现了一个艰辛、疲惫而又恪尽职守的乡邮员形象。

（三）数字运用要鲜活，要通过举例子、做比较等方式，突出数字的意义

2021 年 7 月，河南郑州遭遇了历史罕见的特大暴雨袭击，腾讯网 2021 年 7 月 22 日《一小时降雨量，相当于 106 个西湖！河南郑州的暴雨究竟有多恐怖？》做了这样的报道：

> 尤其是河南省会郑州，更是在一小时内降下了 201.9 毫米的超级暴雨，刷新了国内陆地小时降雨量的极值，南方城市都可能撑不住，更不要说位于北方的郑州了。
>
> 一小时之内降水 201.9 毫米是什么概念？可能单单陈述气象学上的数据不够直观，我们换一种表述方式。郑州 7 月 20 日 16 时至 17 时，降下了去年该市平均四个月的降雨量，等同于降下了 106 个西湖的水量，要知道郑州以往的年平均降水量也只不过 640.8 毫米。
>
> 每年"七下八上"是华北地区的主汛期，这也是该地区一年中降水量最大、最集中的时期，虽带来丰富的水资源，但容易引起洪涝灾害。根据中国气象局规定，24 小时之内降雨量超过 50 毫米为暴雨，超过 100 毫米为大暴雨，超过 250 毫米即为特大暴雨，郑州仅用一个多小时，就降下了这一量级。

该报道科学合理地使用数据，又用做比较的方式阐明抽象数据的实际意味，让公众对灾情有了客观理性的认识。

四、简洁

报刊的版面、广播电视的时段都很有限，读者的时间也很宝贵，因此新闻语言尤其需要简练清晰，以最短的文字传达最大量的信息。

鲁迅先生说："文章写完后，至少看两遍，竭力将可有可无的字、句、段删去，毫不可惜。"鲁迅先生的文章《死》中有一段，初稿是："在这时候，我才确信，我是到底相信人死无鬼，虽在久病和高热中，也还是没有动摇的。"到终稿时改为："在这时候，我才确信，我是到底相信人死无鬼的。"这一删节使句子更为简洁而不损原意，既然初稿用了"到底"两字，足以表示态度的坚决，所以删除分句"虽在久病和高热中，也是没有动摇的"，反而显得明快。

汪曾祺先生说他写《徙》，原来是这样开头的："世界上曾经有过很多歌，都已经消失了。"写完后，他出去散了一会步，回来后改成了"很多歌消失了"。汪先生说："我牺牲了一些字，赢得的是文体的峻洁。"

有条新闻的导语是这样写的：

12月16日，武汉市雄楚大街"12·1"建设银行一网点门前人行道上发生的爆炸案成功告破。经过武汉警方15个昼夜缜密侦查，严密布控，艰苦奋战，在广大群众的积极协助下，警方于12月16日中午12时，一举擒获犯罪嫌疑人王海剑。

这条新闻发布的时间是12月16日下午，原文中的"12·1"是案发时间，可以说"12·1"爆炸案，但将其作为修饰语放在"建设银行"前不恰当。"经过武汉警方15个昼夜缜密侦查，严密布控，艰苦奋战，在广大群众的积极协助下"属于空话套话，可省略。修改如下：

12月1日，武汉市建设银行一网点门前发生爆炸案。今天中午，警方破获此案，犯罪嫌疑人王海剑落网。

下面这则报道就非常简洁地表达清楚了一件复杂而重大的事件：

肯尼迪遇刺丧命　约翰逊继任美国总统

（路透社　达拉斯11月22日急电）肯尼迪总统今天在这里遇到刺客枪击身亡。

总统与夫人同乘一辆车中，刺客发三弹，命中总统头部。

总统被紧急送入医院，并经输血，但不久身亡。

官方消息说，总统下午一时逝世。

副总统约翰逊将继任总统。

要让新闻报道简洁易读，有以下具体方法：

（1）句子要短，一句话说明一项内容，非用长句不可的时候，注意用标点符号对长句进行合理的分割。

（2）段落要短，每一个段落讲述一组意思，要更换叙述对象或角度时就另起一段。

（3）一般情况下，多用主动句，少用被动句，尽量用"主+谓+宾"结构陈述事实。主动句更强调动作的发生，更符合新闻的动态特征。当然，如果为了强调受事者的状态而非施事者的责任，也可以用被动句。

需要指出的是，语言是内容的载体，新闻语言的简明不仅要求用字少，而且还要求负载的信息量大，但如果以缩减信息量为代价去换取新闻语言的简明，那就是舍本逐末了。

五、通俗

通俗的语言深入浅出，浅显易懂。新闻面向大众传播，使用的语言应该是通俗化的、大众化的。

使用通俗语言，就是要使用日常生活中的语言，以真诚的态度与读者交流。正如英国小说家丹尼尔·笛福所说："如果有人要问我什么是完美的语言风格，我会回答，它是这样一种风格：一个人对着 500 名接受能力不同的普通人说话——除了白痴和疯子外，他们中所有人都能听懂——而且说话人有意识地让人理解。"

要做到语言通俗，应注意以下几点：

（一）不用生僻字词

新闻报道应尽量避免使用生僻字。如广西某报一新闻标题《孖牌车辆被交警揭了底牌》，其中"孖"是两广方言，读音为 mā，意为双生子。广西当地人认识这个字的恐怕也不多，用在新闻中就不合适。又如"耄耋"一词，读音为 màodié，泛指老人，其中"耄"指八九十岁，"耋"指七八十岁。且不说"耄耋"一词在日常生活中不常见，读者可能不解其义，即使理解，该词也没说清人物究竟年龄几何，违背新闻语言准确的要求。再比如一些关于名次的报道，不写位列第一、第二，而写成位居首席、次席，显得别扭、造作。

新闻报道是写给广大读者看的，多数人都看不懂的报道就失去了价值。我们写报道时，对于某些生僻的字、词，要在使用前先想一下："大多数人能看懂吗？"

（二）合理使用网络流行语

网络流行语往往只在某些特定的人群中使用，对大众来说未必就是通俗的，如"皮皮虾，我们走""锦鲤""奥利给""耗子尾汁""后浪""打工人""爷青回""凡尔赛""有内味了""社会性死亡"等流行语，一部分人未必知道其含义。而一些意思明确、生动形象的网络词语，就可以用在新闻报道中。如"甩锅"，即推卸责任，该词源于"背锅"，而"背锅"又是惯用语"背黑锅"的缩略，这样的造词理据是多数人都能推想理解的，因此"甩锅"一词可以用于新闻报道。新冠肺炎疫情发生以来，美国部分政客歪曲事实，编造谎言，妄图通过向中国推卸责任来转移视线，掩盖自身抗疫不力的事实。我国的官方回应和媒体报道就频繁用"甩锅"一词来批评美国，例如一篇"人民网评"的标

题就是《人命关天，岂能甩锅》。又比如"怼"，原为北方方言，表示心里抵触、对抗，《新华字典》中的解释为怨恨，现广泛使用，表示用言语回应或行动反击，"怼"字也就经常出现在新闻报道中，如《中国外交部发言人再怼日本记者：你是来者不善》。

（三）对术语和行话做必要的解释

术语和行话会给读者造成阅读的困难。如果一篇新闻报道看起来像学术论文，只有专业人士才能看懂，就必然不会引起普通读者的注意，甚至会让他们反感。因此我们在新闻报道写作中有必要对术语和行话做解释。

第三节　新闻语言的节奏

一、什么是节奏

美国密苏里新闻学院写作组所撰写的《新闻写作教程》中说："有一项很重要但很少被人注意的写作技巧，这就是文章的节奏。句子以及词汇给文章带来一定的情调。短句子能使读者振奋、紧张、不停地思索，一连串的长句子则往往造成较为松弛的气氛，使读者变得懒散。"

《现代汉语词典》解释"节奏"为"音乐中交替出现的有规律的强弱、长短的现象"。新闻报道与音乐一样也是讲究节奏的，不过这种节奏是由语言构成的，有快有慢，有强有弱，有张有弛。

二、如何形成节奏

（一）长句和短句相互搭配

汪曾祺认为："语言的奥秘，说穿了不过是长句子与短句子的搭配。一泻千里，戛然而止，画舫笙歌，骏马收缰，可长则长，能短则短，运用之妙，存乎一心。"

新闻语言以使用短句为主，但长句和短句相互搭配，可以产生起伏和变化，形成节奏和韵律。过于复杂的长句，会影响读者的阅读和理解，但出现过多的短句，也会让文章显得断断续续，语言不连贯。

如果长句太多了，要考虑将一个长句分解成几个短句，用标点符号对长句进行合理分割。如主语与谓语之间用标点分隔："我们看得见的星星，绝大多数是恒星。"谓语与宾语之间用标点分隔："……而专家认为，青藏铁路带给西藏人民的远不止地区经济的繁荣。"

微信公众号"每日人物"上一篇阅读量 10 万以上的作品《外卖巨头大战中的送餐小哥：撑起 300 亿市场的落寞青春》，开头是这样的：

> 1 次接 6 单。
>
> 这曾经是外卖员周武的极限。
>
> 如今这个数字变成了 8 单。这意味着，1 个小时里他最多要连续跑遍 3 公里内的 8 个不同地点。
>
> "一到高峰期，订单直接塞给你，跟系统后台打电话说受不了都不行。"自从今年 6 月份以来，周武感觉到工作强度更大了。
>
> 送餐时他共出过 3 次车祸，"都没敢跟公司说，说了不光没有医药费，还要扣你钱"。

（二）运用多种表现方式

交替使用叙述、议论、描写、直接引语、间接引语、背景穿插、场景展现等多种表现方式，就会形成节奏感。如第三十一届中国新闻奖文字消息一等奖作品《从"暂停"到"重启"：武汉解除离汉通道管控》：

> 新华社　武汉 4 月 8 日电（记者唐卫彬、李鹏翔、胡喆）这是注定将载入史册的重要时刻：4 月 8 日零时起，武汉市解除离汉离鄂通道管控措施，有序恢复对外交通，人员凭健康"绿码"安全流动。
>
> 经过 76 天的举国拼搏、900 多万人的顽强坚守，作为全国抗疫决战决胜之地，武汉的新冠肺炎疫情防控取得阶段性重要成效，标志着湖北保卫战、武汉保卫战进入了一个新的阶段。
>
> 7 日深夜，在武汉西高速收费站，记者看到不少车辆提前在此等候。8 日零时许，匡后尧驾车驶出武汉西大门，他说："我们都对这一天期盼已久。"
>
> 武汉正在不断恢复"九省通衢"的活力。零时 50 分，经停载客的首趟旅客列车 K81 次缓缓从武昌火车站驶出；7 时 22 分，复航起飞的首班客航 MU2527 从天河机场飞往三亚。
>
> 长江大桥桥头，车潮的涌动与火车的轰鸣、轮船的汽笛一道，奏出"重启"交响曲。东湖春和日丽，光谷复工繁忙，大街小巷中，有的市民"过早"时一边等候那碗最爱的热干面，一边互道"好久不见"……

（三）运用新闻跳笔

著名新闻工作者艾丰说："新闻写作的艺术在某种意义上说是'舞蹈的艺术'。它是讲究跳的，跳得好就成了高超的写作技巧。"

新闻跳笔又称断裂行文法，是一种重要的新闻写作笔法。它的主要特征是：段落短小，每一段集中交代一个有新闻价值的事实；段与段之间相对独立，一般没有过渡衔接，但形散而神不散；叙述打破时空限制，形成较大的跨越和跳跃式推进的节奏。如第十七届中国新闻奖消息一等奖获奖作品《火车首次跨越"世界屋脊"》：

> 青藏铁路全线通车，圆了中国革命先行者孙中山的梦想，也攻破了美国现代旅行家保罗·泰鲁"有昆仑山脉在，铁路就到不了拉萨"的断言。
>
> 青藏铁路从西宁至拉萨，全长 1956 公里。其中 814 公里的西宁至格尔木段已于 1984 年通车，格尔木至拉萨段 2001 年 6 月 29 日开工建设。
>
> 这一工程被喻为"奇迹"，因为人们过去普遍认为沿线的多年冻土层根本无从支撑铁轨和火车。
>
> "没想到，这辈子我还能坐上火车！"乘坐首列出藏列车的 700 名旅客之一、藏族牧民土登当曲说。他的"英雄结（辫子）"是用新的红头绳编的，"因为今天是大喜的日子"，他说。
>
> 土登当曲有 5 个孩子，最大的 27 岁，他希望能带着孩子外出打工、做生意。
>
> 拉萨大昭寺僧人次仁为沿线的风光陶醉，迟迟不肯坐下。"到了青海我要去塔尔寺朝佛。"
>
> 塔尔寺是藏传佛教格鲁派（"黄教"）的六大寺院之一，也是黄教创始人宗喀巴的诞生地。

所引文段的信息跳跃为：孙中山的梦想和美国人的断言→青藏铁路长度、开工时间→对工程的评价→牧民的惊喜→牧民的孩子及希望→僧人的愿望→塔尔寺简介。该则消息根据"青藏铁路是一项造福人民的伟大工程"这一主题需要，打破时间的连续和空间的限制，对新闻素材进行拼接组装，时而历史，时而现实，时而叙述，时而评论，时而用直接引语，时而介绍背景材料，就像电影里蒙太奇的手法。

新闻跳笔不像传统的文章那样讲究"起承转合"，记者只需要选出最有新闻价值的事实材料，将没有新闻价值的材料省略，不必考虑过渡与连接。新闻跳笔使段落间跳跃式推进，形成波澜起伏的节奏，激发了读者的阅读兴趣，提高了读者的阅读效率。

需要指出的是，不是所有的新闻都适合用新闻跳笔，要根据采访所得素材及新闻主题来确定什么时候使用跳笔来写。一般来说，新闻主题比较单一、集中、明确的，可以用跳笔，而那些细节丰富、故事性较强、叙事线索较多、各部分主题相对分散的新闻，仍然需要展示段落之间的联系与过渡，才能将事件叙述清楚。

（四）根据不同内容形成不同的节奏

所有的技巧都是为表现内容服务的，读者最为关注的仍然是新闻事实本身，只有充实的内容才能给读者留下深刻的印象。

事件的性质决定了新闻语言的节奏。表现悲伤痛苦的事件，语言节奏要沉郁缓慢，长句子就要用得稍微多一些。表现危急的情况、激烈的冲突，就要用短句子、快节奏，如 20 世纪 60 年代发表于《中国青年报》的通讯《为了六十一个阶级兄弟》，是新闻写作体现节奏感的范本：

郝书记急切而坚定地指示："我们还是应该就地解决。向运城县去找！向临汾县去找！向附近各地去找！"

就在这时，张村公社医院又来了电话："如果明晨以前拿不到'二巯基丙醇'，十四名重患者，将会有死亡！"

找药的电话，不断头地回来了：

运城县没这种药！

临汾县没这种药！附近各地都没这种药！

郝书记斩钉截铁地说："为了六十一位同志的生命，现在我们只好麻烦中央，向首都求援。向中央卫生部挂特急电话！向特药商店挂特急电话！"

于是，这场紧张的抢救战，在二千里外的首都，接续着开始了……

人心向北京，北京的心立刻和平陆的心一起跳动……

思考和练习

1. 新闻语言与文学语言的联系与区别是什么？

2. 新闻写作中怎样运用抒情与议论的表达方式？

3. 阅读最近五期中央电视台《新闻联播》的文字稿，分析其语言特征。

第三章　新闻体裁

新闻体裁指新闻报道作品的规范化类别和样式，是新闻工作者在长期的新闻报道过程中不断总结、概括出来并形成共识的。

第一节　新闻体裁的分类

关于新闻体裁的分类，国内国际新闻学界因所持标准不同，类别划分很不统一。

一、国内的分类

（一）二类说

持这种观点的有中国人民大学的甘惜分教授，他主编的《新闻学大辞典》把新闻作品概略地分成了新闻报道和新闻评论这两大类。

新闻报道可分为：消息、通讯、调查报告。

新闻评论可分为：社论、评论员文章、编者按、编后。

（二）四类说

复旦大学李良荣教授在《新闻学概论》中以时间、地域、内容、与读者之关系为标准，将新闻分成以下四大类别。

内容性新闻：文卫新闻、政法新闻、经济新闻、体育新闻、社会新闻。

地域性新闻：地方新闻、全国性新闻、国际新闻。

时间性新闻：突发性新闻、延缓性新闻。

关系性新闻：硬新闻、软新闻。

（三）五类说

新闻记者艾丰在《新闻写作方法论》中将新闻体裁分为五类。

典型新闻：消息、报道（长消息）、简讯，通讯、特写、速写，述评、记者手记、采访札记。

边缘性、交叉性新闻：报告文学、调查报告、座谈纪要等。

报纸上的其他文学作品：评论、编者按、署名文章、杂文等。

广播电视的特殊体裁：录音报道、配乐广播、口头报道，现场直播、录音访问、广播讲话，主持人节目等。

探索性体裁：日记式、书信式、视觉式、见闻式、对话式、预测式、释义式、立体式、散文式新闻等。

除这几种较常见的分法外，还有学者将新闻体裁划分为六类，甚至七类22种。林永电编著的《新闻报道形式大全》中就已经有了新闻报道形式不少于60种的概略统计。

二、国际的分类

国际新闻学界以内容、手法为分类标准，将新闻分为消息和特稿两大类。

从以指导实践为主要目的的角度，本书选用这种粗疏的分类，以便学生直观、迅速地掌握新闻报道的主要样式和基本风格。

（一）消息

消息，是一种迅速及时、简明扼要地报道事实的新闻体裁，被视为新闻体裁的正宗，是各种新闻中使用得最多的一种体裁，在新闻报道中占有重要地位，是新闻报道的主角。狭义的"新闻"指的就是消息。

消息可划分为事件性消息和非事件性消息。事件性消息指以某个独立的新闻事件为核心而展开的新闻报道，有明确的时间和地点，强调时效性。非事件性消息指以社会问题、社会现象、工作经验为报道对象的消息，是对一段时间内或若干空间里发生的诸多事实的综合反映与分析，其特点是点面结合、以面为主，时效性较弱。

消息具有如下特征：

（1）迅速及时。消息简明短小的特点，决定了它更注重传递信息的速度，更加强调时效性。特别是在面对一些重大、突发性新闻事件时，更要争分夺秒、直截了当地将事件报道出去。

（2）简明扼要。简明扼要地将新闻事实告知公众，是消息区别于其他新闻体裁的本质特点。消息尽管长短不一，但它总是尽可能以少量的文字陈述清楚事实，而不是描述细节或做评论。即使是描写或分析性消息，也不例外。

（3）更注重用事实说话。消息虽然不完全排斥直接抒情或议论，但要尽可能避免表达主观倾向，追求客观报道。即使要抒情或议论，也要以客观事实为基础并尽量简短。

（4）一般有较固定的结构方式。这是消息区别于其他新闻体裁的一个突出特点。消息一般有"倒金字塔结构""时间顺序结构""沙漏式结构""并列式结构"等几种结构，包括标题、导语、主体、背景等组成部分。

（5）通常有消息头。消息头分为"电"和"讯"两类。"电"即电头，表明电讯稿发出的单位、地点和时间，加括号或用区别于正文的字体标出，置于稿件开头。通讯社主要以电报、电传、电话等方式发稿，因此通讯社总是以"××社×地×月×日电"作为消息头。"讯"，是报社记者或通讯员采写的稿件的标志，如系外埠采访、外地寄稿，也需要标明发稿的地点、时间，写成"本报×地×月×日专讯（专电）"。

（二）特稿

特稿是一种详细、深入、生动地报道事实的新闻体裁，注重情节和细节，通常具有文学性和故事性。特稿兴起于20世纪90年代，它不同于报告文学和通讯，在中国历经十几年的发展，渐趋成熟。从20世纪90年代开始，我国一些纸质媒体开始使用特稿这一体裁，经过《中国青年报》《南方周末》《华西都市报》等媒体一大批优秀记者、编辑的不断努力，逐渐发展成熟。

特稿与传统新闻体裁通讯和后来产生的长消息有些类似，以下分述之。

第二节　特稿与通讯

在中国新闻奖评奖中，"文字通讯与深度报道"是重要的奖项。我国的优秀通讯报道也很详细、深入、生动，同时具有文学性与故事性。与特稿在风格上不同的是，通讯常常围绕特定的主题，选择典型的人物与事迹，在叙述的同时，运用较多的描写、议论、抒情，更加注重宣传价值和教育意义。我们不妨把它看作具有宣传价值的特稿。具有代表性的通讯是前一章曾提到的《索玛花儿为什么这样红——记优秀共产党员、木里县马班邮路邮员王顺友》，现摘录第一部分：

> 眼前这位苗族汉子矮小、苍老，40岁的人看过去有50开外，与人说话时，憨厚的眼神会变得游离而紧张，一副无助的样子，只是当他与那匹驮着邮包的枣红马交流时，才透出一种会心的安宁。
>
> 整整一天，我们一直跟着他在大山中被骡马踩出的一趟脚窝窝里艰难

地走着，险峻处，错过一个马蹄之外，便是万丈悬崖。

傍晚，就地宿营，在原始森林的一面山坡上，大家燃起篝火，扎成圈儿跳起了舞。他有些羞涩地被拉进了跳舞的人群，一曲未了，竟如醉如痴。"我太高兴了！我太高兴了！"他嘴里不停地说着。"今晚真像做梦，20 年里，我在这条路上从没有见过这么多的人！如果天天有这么多人，我愿走到老死，我愿……"忽然，他用手捂住脸，哭了，泪水从黝黑的手指间淌落下来……

这就是那个一个人、一匹马、一条路，在大山里默默行走了 20 年的人吗？

这就是那个 20 年中行程 26 万公里——相当于 21 趟二万五千里长征、绕地球赤道 6 圈的人吗？

这就是那个为了一个简单而又崇高的使命，在大山深谷之中穷尽青春年华的人吗？我流泪了。

在这个高原的夜晚，我永远地记住了他——四川省凉山彝族自治州木里藏族自治县马班邮路乡邮员王顺友。苗族名字：咪桑。

如果说马班邮路是中国邮政史上的"绝唱"，他就是为这首"绝唱"而生的使者。

王顺友的话不多，却见心见肝。他说，他常常觉得自己这一辈子就是为了走邮路才来到人世上的。

马班邮路在正式文字中被定义为"用马驮着邮件按班投送的邮路"。在 21 世纪的中国邮政史上，这种原始古老的通邮方式堪称"绝唱"，而在木里人的眼里，这却是他们唯一的选择。

木里藏族自治县位于四川省西南部，紧接青藏高原。这里群山环抱，地广人稀，平均每平方公里的地面上只有 9 个半人。全县 29 个乡镇有 28 个乡镇不通公路，不通电话，以马驮人送为手段的邮路是当地乡政府和百姓与外界保持联系的唯一途径。全县除县城外，15 条邮路全部是马班邮路，而且绝大部分在海拔 4000 米以上的高山。

王顺友至今记得，他 8 岁那年冬天的一个夜晚，做乡邮员的父亲牵着马尾巴撞开家门，倒在地。"雪烧伤了我的眼睛。"母亲找来草药煮沸后给父亲熏眼。第二天清早，父亲说，看到光亮了。他把邮件包往马背上捆。母亲抱着他的腿哭。父亲骂她："你懂什么！县里的文件不按时送到乡上，全乡的工作就要受影响。"

11 年后，父亲老了，他把邮包和马缰绳交到了 19 岁的儿子手上，那一刻，王顺友觉得自己长大了。他开始沿着父亲走过的邮路启程，负责木里县至白碉乡、三桷亚乡、倮波乡、卡拉乡的马班乡邮投递，邮路往返584公里。

年轻的乡邮员第一次感受到了马班邮路的遥远和艰辛。他每走一个班要14天，一个月要走两班，一年365天，他有330天走在邮路上。他先要翻越海拔5000米、一年中有6个月冰雪覆盖的察尔瓦山，接着又要走进海拔1000米、气温高达40摄氏度的雅砻江河谷，中途还要穿越大大小小的原始森林和山峰沟梁。他这样描述自己的生活：冬天一身雪，夏天一身泥，饿了吞几口糌粑面，渴了喝几口山泉水或啃几口冰块，晚上蜷缩在山洞里、大树下或草丛中与马相伴而眠，如果赶上下雨，就得裹着雨衣在雨水中躺一夜。同时，他还要随时准备迎接各种突来的自然灾害。

有一次，他走到一个叫白杨坪的地方，下起了暴雨，路被冲毁了，马一脚踩滑跌向悬崖间，他想伸手去拉，也掉了下去，幸亏双双被一棵大树挡住。他摔得头破血流，眼睛和半边脸肿得没了形。当时他真想大哭一场，盼望着有个人来帮一下多好啊！可是除了马、邮件，什么都没有。

这些艰辛在王顺友看来还不是最苦的，最苦的是心头的孤独。邮路上，有时几天都看不到一个人影，特别是到了晚上，大山里静得可怕，伸手不见五指，他能感觉到的只有风声、水声和不时的狼嚎声。家中操劳的妻子、年迈的父母、幼小的儿女……此刻就会像走马灯一样在他的脑子里转，泪水落下一行，又落下一行。于是他便喝酒，让自己的神经因麻木而昏睡过去，因为明天还要赶路。

如果仅仅是为了一个饭碗，王顺友在这条马班邮路上或许早就坚持不住了。让他最终坚持下来的，是这条邮路传达给他的一种神圣。

"每次我把报纸和邮件交给乡亲们，他们那种高兴劲就像过年。他们经常热情地留我住宿，留我吃饭，把我当成共产党的大干部。这时，我心里真有一种特别幸福的感觉，觉得自己是一个少不得的人！"这是王顺友最初感受到的乡邮员工作的价值。

白碉乡乡长王德荣曾对他说过这样的话："你的工作虽然不是惊天动地，但白碉乡离不开你。因为你是我们乡唯一对外的联络员，是党和政府的代表。藏民们有一个月看不见你来，他们就会说：'党和政府不管我们了。'你来了，他们就觉得党和政府一直在关心着他们！"这话让王顺友心里滚烫。

一次，王顺友把邮件送到倮波乡政府，就在他牵着马掉头的时候，看见乡干部正翻阅着报纸说"西部大开发太好了，这下子木里的发展要加快了!"一时间，王顺友高兴得像是喝了蜜，因为乡干部看的报纸是他送来的，这薄薄的一张报纸竟有这么重的分量?! 他越来越觉得乡邮员工作了不起。

于是，王顺友在马班邮路上一年一年地走下来，至今已经走了20年，而且还在继续走着。邮路上的每一天，他都是穿着那身绿色的邮政制服，他说："山里乡亲们盼望我，其实是盼望穿这身制服的人。"邮路上每一天，他都像保护命根子一样保护着邮件，白天邮包不离身，晚上邮包当枕头，下雨下雪，他宁肯自己淋个透，也要把邮包裹得严严实实。邮路上的每天，他都会唱起自编的山歌，雅砻江的苗族人本来就爱唱歌，他说："山歌是我的伴，也是我的心。"

> 翻一坡来又一坡，
> 山又高来路又陡，
> 不是人民需要我，
> 哪个喜欢天天走。
> 太阳出来照山坡，
> 照亮山坡白石头，
> 要学石头千年在，
> 不学半路草鞋丢。

这是王顺友无数山歌中的一首，邮路成为他心中一道神圣的使命。既然他深爱着自己大山连大山的故乡，既然他牵挂着山里的乡亲们，既然他崇敬着像太阳一般照耀着大山的共产党和人民政府，既然他生在中国邮政史上马班邮路的"绝唱"之年，那就上路吧! 一个心怀使命的人，才是个有价值的人。

第三节 特稿与长消息

还有一种在新闻报道中用得较多的体裁，结构和传统的消息不一样，我们通常称之为"长消息"。长消息在形式上将传统消息的导语撷取出来，放在大标题下面或其他较为醒目的位置并更换字体;省略"本报讯"，代之以"核心提示""摘要"等，然后围绕各个新闻焦点，分小标题，采用并列式或递进式展开报道。长消息多用于各都市报，篇幅比消息大，通常每篇一千余字，叙述和描写较为详细生动，但又不像特稿那样对人物或事件做全面深入的报道，写作风格上也不像特稿那样具有明显的文学性特征，可以看作消息向特稿的过渡。例如：

宝兴一野生大熊猫疑似生病　抢救无效死亡
业内人士：10多岁正值壮年，胸腔积液说明有炎症

3月14日，四川省宝兴县林业局工作人员向媒体证实：该县一只疑似生病的野生大熊猫经抢救无效死亡。2月20日，该只大熊猫在野外被发现之后送回县上救治。

3月15日，记者从宝兴县委宣传部获悉，由于该县林业局没有救治中心，发现该只大熊猫后第二天就将其送到了成都大熊猫繁育研究基地进行救治。目前他们也在等待检测结果，以确定具体死亡原因。

一位从事野生动物相关工作20余年的业内人士表示，新闻上说该只大熊猫仅10多岁让人有点意外，野外大熊猫可以活到20岁左右，10多岁正值壮年。冬春之交是野生动物死亡较为集中的时间段，但自然淘汰的主要是老弱病残的野生动物。

曾送往成都熊猫基地救治
目前正等待检测结果

据此前媒体报道，2月20日，雅安宝兴县境内一只野生大熊猫在一杂木林处停留数小时，始终一动不动。经观察，大熊猫体表无外伤，但一直在流鼻涕，且精神不佳，初步判断疑似生病。当地森林公安、林业等部门工作人员接到消息后赶赴现场，将大熊猫装进笼子运回宝兴县，由当地林业部门对大熊猫进行救治。

14日，宝兴县林业局工作人员向媒体证实：该只野生大熊猫经抢救无效死亡。据其介绍，该只大熊猫在野外被发现之后送回县上救治。该只大熊猫有10多岁了，目前具体死亡原因还不清楚，"还没拿到检测报告"，但从当时大熊猫胸腔发现积液的情况来看，初步推断属因病死亡。

15日，记者从宝兴县委宣传部获悉，由于该县救治条件不够，县林业局没有救治中心，发现该只大熊猫后第二天就将其送到了成都熊猫基地进行救治。目前他们也在等待检测结果。对于网上一些猜测，对方表示，没有检测报告就没有判断根据，希望大家可以耐心等待，以检测结果为准。

10多岁正值壮年

胸腔积液或因发炎引起

对于该只野生大熊猫经抢救无效死亡的消息，一位从事野生动物相关工作20余年的业内人士表示，从时间上来说，冬季野生动物更难找到食物，同时为了御寒能量需求更大，对于很多动物来说都是一道坎，所以冬春之交是野生动物死亡较为集中的时间段。很多老弱病残的野生动物都会被自然淘汰。这个时间段，他在野外调查时，也在河边看到过不少动物的尸体，包括扭角羚、岩羊等。

"根据目前的新闻报道，该只大熊猫最可能是病了。"该业内人士说，该只大熊猫10多岁，正值壮年，在野外几乎没有天敌。大型兽类方面，宝兴县一带除了大熊猫，还有一些熊类和雪豹，对成年大熊猫有一定威胁。但两边真打起来难分胜负，所以大家很少听到成年大熊猫被其他兽类袭击的新闻。同时该只大熊猫被发现时无外伤，说明没有经历过打斗。

该业内人士表示，据他所知，各种寄生虫病是野生大熊猫容易患的病之一，典型的包括体内的蛔虫以及体表的蚧螨。其中蛔虫大家比较熟悉，但动物不像人可以吃药。对于新闻中提到的胸腔发现积液，他表示，积液说明有炎症，胸腔里就是心肺以及胸膜，其中有的可能病变了。当然最终确切的死亡原因还是需要等待检测报告。

此前曾发现受伤大熊猫

疑因受到别的猛兽攻击

记者注意到，由于境内野生大熊猫数量较多，宝兴县已经不是第一次发现生病受伤需要救助的大熊猫了。

据媒体2016年5月6日报道：雅安宝兴村民在采野菜过程中，发现一只野生大熊猫，耳朵、背部、右后腿、尾部都有明显伤情。工作人员将其救护下山，受伤大熊猫为雄性，4岁，体重44公斤，此后被送往中国大熊猫保护研究中心雅安基地接受救治。雅安市人民医院外科专家会诊，尝试了一切可能的救助方式之后，大熊猫还是因为伤势过重，抢救无效，于当日14点50分死亡。专家分析，这只大熊猫可能是因为受到别的猛兽攻击而受伤。

（成都商报－红星新闻记者 郑然 林聪 2021年3月16日）

有人认为，在消息中加小标题会使新闻作品思路清晰，重点突出，方便阅读，这样的创新值得推广；也有人持不同意见，认为这种形式不仅容易导致一些记者和编辑模糊了消息和通讯的区别，而且还助长了消息越写越长的风气，罗列一些不必要的细节，给消息注入了很多"水分"。

通过这种争议我们可以看出，新闻报道体裁的划分是约定俗成的，不同体裁之间并不存在不可逾越的鸿沟，即便是消息和特稿这两种差别较大的体裁，它们之间仍有共同点，甚至可以融合产生新的体裁。无论什么体裁的新闻报道都要遵循真实、客观、公正的新闻理念，在客观、准确、具体、简洁、通俗的语言要求方面也无本质区别。

新闻写作和其他类型的写作一样，虽有大的原则，但并无定法。记者应遵照新闻写作的基本规律和原则，根据不同题材进行体裁的调整和适应，不可生搬硬套，机械应用。

思考和练习

1. 什么是消息？它有什么特征？
2. 特稿与通讯有什么联系和区别？
3. 选择人民网上的十篇新闻报道，分析其体裁特征。

第四章　消息写作

第一节　消息标题

标题被看作新闻的"眼睛"，俗话说"看书看皮，看报看题"。

近年来，新媒体发展突飞猛进，信息过载，新闻已进入"读题时代"。越来越多的读者看新闻时，很难耐着性子把新闻读完，而是先浏览标题，然后再根据自己的兴趣和需求，选择性地阅读新闻。好的标题能够吸引读者，不好的标题会埋没新闻的价值，内容再精彩也无法有效地传播，辛劳的采写也就换不来应有的回报。标题的好坏极大地影响新闻的阅读量，影响到媒体的经济效益和社会效益。

一、消息标题的特点

消息的标题和其他文章的标题，尤其是文艺作品的标题有很大的不同。一般来说，文艺作品的标题比较含蓄，不直接明示文章的内容，有些甚至以"无题"来遮掩文章的内容，吸引读者的兴趣。而消息的标题恰恰相反，它要求以最简练的文字揭示最有新闻价值的内容，要准确地指明具体的"新闻点"。另外，消息正文当中不宜出现直接议论，但标题可以直接表达媒体的立场、观点和倾向。

二、消息标题的分类

（一）按结构分为单一型和复合型两类

单一型标题一般为单行标题，也有两行的，只有主题；复合型标题为多行标题，包括主题与辅题两部分。

主题又被称为正题。它是标题中最主要的部分。一般来说，主题的作用在于点明消息中最主要的事实与观点，文字简洁。辅题包括引题（又称眉题、肩题）和副题（又称子题），引题和副题可以二者兼有，也可以只取其一。

辅题与主题组合，构成多种变化，能增加标题的表现力，丰富报纸版面形式。在复合型标题中，主题的字号要大于辅题的字号。引题在主题之上，主要是从一个侧面对主题进行引导、说明、烘托或渲染。副题置于主题之下，对主题起补充、注释作用。

（二）按内容分为实标题和虚标题两类

实标题重在叙事，展示新闻中最有价值的事实信息。虚标题重在说理、抒情，着重揭示新闻事实中所蕴含的道理、思想、意蕴等。

单一型标题无论单行还是双行，都应是实标题。复合型标题中至少有一个实标题。在大多数情况下，引题以虚标题居多，副题以实标题居多，主题可虚可实。

三、消息标题的组合形式

（一）单一主标题式

美国务卿：美方坚持一个中国政策　不支持台湾"独立"

（二）引题－主题型

国防部举行例行记者会（引题）
航母不是"宅男"，会择机远航（主题）

（三）主题－副题型

她随汶川地震而来　却在芦山地震中离开（主题）
这名5岁小女孩被围墙砸中身亡，哥哥作文中说
"没有你和我吵架，我很孤单"（副题）

（四）引题－主题－副题型

四川省雅安市芦山县发生7.0级地震（引题）
习近平作出重要指示要求把抢救生命作为首要任务

千方百计救援受灾群众最大限度减少伤亡（主题）
要加强地震监测，切实防范次生灾害，
妥善做好受灾群众安置工作，维护灾区社会稳定
受党中央和习近平委托，李克强抵达灾区（副题）

采用什么样的方式制作标题，要根据消息的内容和重要性来决定。一般来说，如果消息的"新闻点"较少，所报道事件不重大，就适合用单一型标题，反之则用复合型标题。无论以何种方式制作标题，总原则都是：以最吸引人的方式突显新闻价值。

四、消息标题与特稿标题的区别

（一）形式

新闻是对新近发生的事实的报道。从此定义可看出新闻是动态的、变化的，因此消息的标题应该告诉公众"发生了什么事""有什么新情况"。消息的标题要有动词，用"主＋谓＋宾"结构，忌只用名词词组。特稿的时效性较弱，多是对事实的全面深入报道，标题往往只表明写作对象，可以用名词或名词词组，如《鬼妻》《系统》《小镇猪事》《一封27年等不来的感谢信》等。

（二）内容

消息标题中必须要有实标题，内容是确切的，要把最有价值的新闻事实告诉读者。特稿的标题可以是虚标题，内容有很大的不确定性，有时只是一些提示或暗示，表现出较强的议论和抒情色彩，如《历史就在我们眼前爆炸了》《一水激活万水流》《风雪中，伫立着四位"厚道"的农民工》《艾滋遗孤，跟我回家》等。

（三）结构

消息标题除用单一式结构之外，还大量采用复合式结构，往往通过主题、引题、副题的配合，向读者报告新闻的内容，指明其性质和意义。特稿一般不使用引题，副题多数用来说明采访对象，或作者写作本文的意图以及采写方式。如《索玛花儿为什么这样红——记优秀共产党员、木里县马班邮路乡邮员王顺友》《你不会懂得我伤悲——杨丽娟事件观察》《东方风来满眼春——邓小平同志在深圳纪实》等。

五、消息标题的制作

（一）制作步骤

1. 陈述最有价值的新闻事实

先看下面这条消息：

（据新华社电）位于巴黎歌剧院广场区内的一家老咖啡馆推出中式早餐，油条、包子和咸鸭蛋等被推上食谱。这家百年老店于1862年开业，装潢风格典雅华贵，是法国文人与政治家经常光顾的地方，历届法国总统都不只光临一次。除招待中国游客，吃惯面包和黄油的法国人也愿意换换口味。

其中最有新闻价值的事实陈述如下：

巴黎的一家百年咖啡馆推出中式早餐，油条、包子和咸鸭蛋等被推上食谱，主要用来招待中国游客。

2. 精简陈述内容

在陈述的基础上，去掉一些不重要的修饰语和多余的信息，在不改变原意的情况下变换说法，使表达更为精练、通俗。如上例中"巴黎的一家百年咖啡馆"，可将"一家"去掉，不必强调数量，浓缩为"巴黎百年咖啡馆"；"油条、包子和咸鸭蛋等被推上食谱"可说成"卖油条、包子和咸鸭蛋"；"主要用来招待中国游客"缩减为"为招待中国游客"。

这样一来，陈述的内容就变成了"为招待中国游客，巴黎百年咖啡馆卖油条、包子和咸鸭蛋"。这个句子够精练了，但中间还有顿号与连词"和"，将其去掉，再缩减为"为招待中国游客，巴黎百年咖啡馆卖油条包子咸鸭蛋"，这样，句子更紧凑，一个字不多，标题就做成了。

需要说明的是，这则新闻的标题不宜做成"巴黎咖啡馆推出中式早餐"，因为"中式早餐"是一个比较笼统的概念，中国地大物博，饮食习惯丰富多样，不同的地域有不同的早餐，而油条、包子和咸鸭蛋是其中更加具体实在的"点"，能体现早餐的中国特色，给受众留下具体直观的印象。

3. 将初步形成的标题优化

"为招待中国游客，巴黎百年咖啡馆卖油条包子咸鸭蛋"已经具备新闻价值了，是一个符合要求的标题。但新闻中还提到"除招待中国游客，吃惯面包和黄油的法国人也愿意换换口味"，这表明中国游客已经遍及世界各地，而且对当地有很大的影响力，甚至改变了当地人的饮食习惯。为了充分体现"中国游客"这一"新闻点"，突出这则新闻的价值，可以将新闻标题最终拟定为：

中国游客征服世界　巴黎百年咖啡馆卖包子油条咸鸭蛋

（二）制作要求

1. 题文一致

消息标题必须与新闻内容相一致。其中包括两方面含义：

（1）标题要符合新闻事实。如《富二代开车撞人称"我爸是市长" 已被刑拘》这条新闻中有这样的内容：

> 今早记者在现场采访时，包括邓某、牛杂店吴某、刘某等多位目击者告诉记者，他们并没有亲耳听到马某或林某说出"我爸是市长"这句话，只是听到其他围观群众这么说。
>
> 从鹿城警方获悉，马某及林某也都否认说过"我爸是市长"。

很明显，新闻中肇事者否认说过"我爸是市长"，目击者也没有听到肇事者亲口说过这样的话，但标题却把肇事者说"我爸是市长"当成了既定事实，与内容自相背离。这样的标题不顾事实，妄下断语，违背了新闻客观准确的原则。

（2）标题可以从新闻中选择某一事实，但是这种选择不能断章取义，不能歪曲基本事实。比如有标题写"专家称地沟油不可能流回餐桌"，实际情况却是专家解释说："我不是说地沟油不可能流回餐桌，而是说每年300万吨不可能，媒体报道时把这个前提给去掉了。"标题断章取义，就有了截然不同的意思，歪曲了事实。

（3）标题不能为了迎合社会偏见，乱贴标签。有些媒体为了引起轰动效应，往往爱给报道对象个案贴上社会群体标签。如"90后""富二代""官二代""星二代""农二代""穷二代""奔驰男""宝马女""高富帅""白富美""矮穷矬"等。这样做强化了负面刻板印象，可能加大社会本已存在的鸿沟，激化群体的对立，使舆论导向发生偏离，甚至影响社会稳定。

2. 简明扼要

抓住要点，以最精练的话将其表达出来，能用一个字表达清楚的，决不用第二个字。如："美国副国务卿称绝无意遏制中国 中美经贸可实现'双赢'"可精简为"美副卿称绝无意遏制中国 中美经贸可'双赢'"，"四川雅西高速发生通车以来最大交通事故 致5人死亡12人受伤"可精简为"四川雅西高速发生通车来最大交通事故 5死12伤。"

3. 生动传神

生动传神是标题制作最难达到的要求。它要求标题体现正确的舆论导向，最大限度地挖掘新闻价值，把蕴含在新闻事实中的情感、观念、意义、韵味充分展示出来，必要时可借助文学修辞手法。如：

又到年底，用工荒侵袭省城；去留之间，农民工艰难选择（引题）

城市候鸟：想在城里有个家（主题）

（三）制作注意事项

（1）消息标题要有动词，通常用"主＋谓＋宾"结构，如"美国国务院大楼电梯内出现纳粹标志 国务卿回应"。

（2）多用主动语态，少用被动语态，如"'福建土楼'被列入《世界遗产名录》"可改为"'福建土楼'跻身《世界遗产名录》"。

（3）如无特殊需要，无须在标题中加上时间；一般用现在时态表述基本新闻事实，如"大连宝马车司机昨日撞人后逃逸致5死5伤"可改为"大连宝马车司机撞人后逃逸致5死5伤"。

（4）合理使用标点符号。顿号、逗号尽量用空格替代；尽量不用省略号、破折号；一般情况下不使用感叹号；当事实尚不清楚或不确定时的时候，可以在陈述的事实后面加问号。如："2036年小行星撞地球？"

（5）标题应尽量简练，若单一式标题较长，可变成复合式标题来缩短主题。如："针对党政新风展开的调研显示九成民众感觉抓节俭最有效"这则标题可采用引题－主题式复合标题，将"针对党政新风展开的调研显示"作为引题，将"九成民众感觉抓节俭最有效"作为主题。

（6）在不需要数字特别精确的情况下，可以用近似值。如根据新闻事实"陕西省关中大部和渭北台塬区出现冬春连旱，目前已造成20.3万人饮水困难，849.6万亩农作物受灾"，可以做成标题"陕西多地连旱 800万亩作物受灾20万人饮水难"。

（7）用词切忌笼统，要有具体的"新闻点"，要将报道中最吸引读者的部分挖掘出来。

（8）符合伦理道德，避免庸俗、低俗、媚俗（"三俗"）。有一年夏天广州有 30 余人因酷暑身亡，某媒体消息标题竟戏称"广州酷毙三十余人"；南京一人骑自行遭遇意外，被公交车从头部轧过，不幸身亡，当地一家媒体的消息标题竟然是"骑车人'中头彩'惨死"，还有媒体将这起交通事故的消息标题制作为"公交车轮从头越"。

六、不要成为"标题党"

标题最原始的功能，就是通过把关人对信息的提炼，为读者获取信息节约时间。有效的标题传播使受众看了标题就知道关键信息，再根据需要决定是否作进一步阅读。

"标题党"以故弄玄虚、耸人听闻、断章取义等方式来制作标题，吸引受众注意力，受众看完具体内容后会有上当受骗、浪费时间的感觉。如某网站在转载新华网报道的《多地整治网约车探索"规范路径"》时，将标题改为《官方：网约车属高端服务不应每人打得起》，与文章原意完全相反，制造噱头，引起社会不满。

从 2009 年起，"标题党"已受到管理部门关注，但这一乱象依然存在。随着互联网不断发展，微信公众号也成了"标题党"的重灾区。这类标题不仅浪费受众时间，欺骗受众感情，而且严重影响网络生态环境和媒体公信力，虽然可以博取一时的流量，获得短期的经济利益，但误导了受众，侵害了新闻当事人权益，污染了社会风气，带来的负面影响是多方面的，绝非媒体发展壮大的长久之计。媒体工作者应坚守职业道德，追求职业理想，任何时候都要坚持诚实传播、透明传播的原则。

第二节　消息导语

一、导语的意义

导语就是新闻作品的开头，消息的导语往往是消息的第一段。西方新闻工作者将导语称作"stopper"，意思是能让人停下来的东西；也有将导语戏称为"hook"（钩子）的，意思是吸引读者继续阅读的诱饵。

消息写作中的第一步也是很重要的一步，就是写导语。导语要写出有新闻价值的信息，第一时间吸引读者。读者对导语有了兴趣，才会继续阅读，这就是首因效应。好的导语是新闻信息得以顺利传达的关键。

导语奠定了消息主体的叙事风格、逻辑顺序和结构关系，导语的质量决定了新闻主体能否顺利展开。导语的写作最能体现记者的新闻敏感度和叙事能力，是记者才华的展示。新闻界有一种说法：最有水平的编辑是制作好的标题，而最有水平的记者则写出好的导语。美国新闻学者威廉·梅茨说："导语是记者展示其杰作的橱窗……如果记者未能在导语中表现出水平，那么，他就没有水平。"清华大学新闻与传播学院教授李希光在《变形的新闻屋》一书中也说："写作太重要了，单单写新闻导语的学问就一辈子也学不完。"导语的好坏既反映出记者的写作水平，更关系到整条消息的质量，关系到读者的阅读意愿。所以，我们学习消息写作，就必须十分重视导语的写作。

二、导语的演变

电报技术的发明与美国南北战争，促进了新闻导语的产生和发展。19 世纪 30 年代，美国人莫尔斯设计出了著名且简单的电码，称为莫尔斯电码。1844 年，莫尔斯在华盛顿与巴尔的摩之间的电报线上用电码发了世界上第一份电报。1851 年，美联社前身——美国港口新闻联合社首次用电报传递消息，人类开始进入"电讯新闻"时代。

1861 年，美国南北战争爆发，许多新闻机构派记者去战地采访，为了第一时间传回消息，记者们竞相用电报发稿。由于电报设施还不完善，机器经常出现故障，记者们的稿件常常只发了前半部分，后半部分就发不出去。又由于设备比较少，记者们往往要排队轮候，按字数发稿，难以将整篇稿件一次性发完。这就迫使记者把最重要的新闻事实放在新闻的开头部分，第一时间发出去，这样，即便出现设备故障，也不影响重要信息的传递，编辑部照样可以把新闻发出来。新闻导语就产生了。

导语的发展主要经历了两个阶段。第一阶段以美联社记者约翰·唐宁 1889 年 3 月 30 日的一篇报道为代表，其导语是：

（萨摩亚·阿庇亚 3 月 30 日电）南太平洋沿岸有史以来最为猛烈、破坏性最大的风暴于 3 月 16 日、17 日袭击了萨摩亚群岛，结果，有 6 条战舰和其他 10 条船只要么被掀到港口附近的珊瑚礁上摔得粉身碎骨，要么被掀到阿庇亚小城的海滩上搁浅。与此同时，美国和德国的 143 名海军官兵，有的葬身珊瑚礁，有的则在远离家乡万里之外的无名墓地里，为自己找到了永远安息的场所。

这条导语包括了新闻的六个基本要素：时间（3 月 16 日、17 日）、地点（萨莫亚群岛）、人物（美国和德国的海军官兵）、事件（海军官兵遇难）、原因（萨莫亚群岛遭遇南太平洋沿岸有史以来最猛烈的风暴）、过程（舰船被摔碎或搁浅，官兵遇难）。

美联社总编将这条新闻导语树为典范，他要求美联社记者发出的新闻导语必须具备这六个要素。六要素俱全的新闻导语后来被人们称为"第一代导语"，又叫"全型导语"，其特点是具体、完整，读者看了导语，能大概了解报道的主要内容。但是它也有明显的缺点：内容庞杂，主次不分，重点不突出，无法迅速吸引眼球。有人讥讽这种导语是"晾衣绳式导语"，意思是说，把新闻要素当成一件件衣服，全都挂在导语这根绳子上，给人一种杂乱无章的感觉。

随着科技的发展，广播和电视在 20 世纪二三十年代诞生了，媒介的多元化带来了越来越大的信息量和越来越丰富的内容，人们对信息的质量和传播方式也提出了越来越高的要求。为了让信息更有效地吸引读者，实现传播目的，新闻工作者们开始寻求新闻写作的新突破。从 20 世纪 30 年代起，陆续有一些新闻工作者主张：不必强行要求导语里一定要包括"六要素"，可以根据每则新闻的特点，从六要素中选取最能激起人们阅读兴趣的要素，突出地写入导语之中，其余的要素可以分散到主体部分去交代。这样就产生了第二代导语，又称"部分要素式"导语。

上段例文可以改写成如下"部分要素式"导语：

（萨莫亚·阿庇亚 3 月 30 日电）南太平洋沿岸有史以来最为猛烈、破坏性最大的风暴于 3 月 16 日、17 日袭击了萨莫亚群岛，美国和德国的 143 名海军官兵遇难。

又如，《纽约先驱报》在报道 1865 年林肯总统遇刺时用的是第一代导语：

今晚大约 9 时半，在福特剧场，当总统正同林肯夫人、哈里斯夫人和罗斯本少校同在私人包厢中看戏的时候，有个凶手突然闯进包厢，从背后接近总统，向总统开了一枪。

而《纽约时报》报道1963年肯尼迪总统遇刺时用了第二代导语：

> 肯尼迪总统今天遭枪击身亡。

显然，相比第一代导语，第二代导语更加简练、明快。"立片言以居要"，这便是第二代导语达到的效果。第二代导语深受记者和读者的欢迎，至今依然使用得最为广泛。

当然，导语的写作形式是多种多样的，除了第一、二两代导语外，还有其他角度不同、风格各异的个性化导语。这一类导语被称为"第三代导语"，也称"丰富型导语"，它没有固定的写法，往往根据具体情况灵活处理。

第三代导语在继承第二代导语优良传统的基础上有所发展。第二代导语的核心是突出部分要素，在这一点上，第三代导语与第二代导语一脉相承。两者的最大区别在于通过什么样的手法去突出这些部分要素。如第三代导语可能在开头并不直接展现的核心事实，而是用情节、逸事、细节、引语等来吸引读者，这种写法需要记者有创造性思维和较高的叙事技巧。这种写法是有一定风险性的，若写得不够精彩，往往弄巧成拙。下面这条第三代导语写得很出彩，可引为借鉴：

> （法新社　曼谷1980年1月15日电）一个名叫品托的小男孩在委内瑞拉的加拉加斯城公共汽车上打了一个喷嚏，三天之后，坐在他旁边座位上的健壮的劳动者厄瓜多病倒了——他患的是可怕的曼谷型流行感冒。

三、导语的分类

西方新闻学者将导语分为两类：直叙式导语和延缓式导语。直叙式导语又称"硬导语"，它在一开头就直接告诉读者新闻的核心内容，适合突发新闻、重大新闻和时效性强的新闻的报道。延缓式导语，又称"软导语""间接式导语""特写导语"，它间接迂回地展现新闻要旨。延缓式导语又分为议论型导语和描写型导语两类。

硬、软导语主要是从写作风格来说的。前者不事渲染，开门见山，以朴实的笔墨突出事实的价值；后者在写法上较多地运用文学手法，以生动活泼、风趣幽默见长。一般而言，硬导语是消息写作的主流传统，故常被称为"职业化写作"；与此相对的软导语由于偏向于文学化写作，故被认为是"非职业化写作"。

硬导语和软导语这组概念，是从"硬新闻"和"软新闻"中引申出来的。硬新闻指题材较为严肃，着重于思想性、指导性和知识性，以反映政治、经济、科技等领域的重大情况为内容的新闻；软新闻指人情味较浓，或轻松活泼，易于引起广大读者阅读兴趣的新闻。

（一）直叙式导语

直叙式导语用叙述的方法，将最有新闻价值的信息开门见山、简明扼要地写出来。它能用较少的字数、最快的速度和最直接的方式，使读者获知新闻信息，因此，它是现阶段最常见的导语。

晋人陆机在《文赋》中曾说："立片言而居要，乃一篇之警策。"意即用简短的句子概括文章要领，成为全篇的警句，给读者提示核心内容。新闻导语在消息中就发挥着"片言居要"的作用，导语的优劣直接决定着整篇作品的成败。动笔写导语之前，记者必须首先想清楚最有新闻价值的事实是什么，才能用较少的文字突出要点。

下面举几个直叙式导语的实例：

> 我省将打破城乡地域、身份限制，实现城乡居民同病同保障，大病保险待遇稳步提高。5月28日，省政府办公厅公布《安徽省统一城乡居民基本医疗保险和大病保险保障待遇实施方案（试行）》。7月1日起，我省将实施统一的城乡居民基本医疗保险和大病保险制度，城乡居民医保待遇不再有差别。
>
> （第三十届中国新闻奖文字消息二等奖作品《城乡居民同病同保障》）

> 本报讯（记者 郭青） 来自中国科学院等机构的研究团队，在陕西省西安市蓝田县境内发现了迄今为止中国最早的人类活动痕迹。7月12日，《自然》在线发表的这一突破性发现将中国的人类史向前推进了约40万年。
>
> （第二十九届中国新闻奖文字消息二等奖作品《蓝田发现迄今为止中国最早的人类活动痕迹》）

> 本报讯（记者 钟鞍钢） 记者在工会法执法检查中了解到，部分跨国公司在我国的企业无视我国法律，公开抵制组建工会。
>
> （第十五届中国新闻奖文字消息二等奖作品《部分外企无视中国法律拒建工会》）

（二）议论型导语

议论型导语从议论入手或把叙事和议论交织在一起，用夹叙夹议的方法对新闻事实进行简要评论。议论型导语又称解释性导语、点评型导语，如：

> （新华社　北京1999年8月18日电）世界各地的天文学家证实，8月18日没有发生特殊的天文现象，更没有发生地球毁灭这样的大劫难。世界各地的人们像往常那样度过了平静的一天，"天体大十字"这一"末世论"预言宣告破产。

（第十届中国新闻奖文字消息一等奖作品《"天体大十字"预言宣告破产》）

议论型导语有助于突出新闻事实的意义，凝练和升华新闻主题，从而唤起受众的充分注意。但消息要用事实说话，要充分相信受众的理解力和认识水平，不能滥发、乱议论。

议论型导语有评论式、设问式和引语式三种常见的写作方式。

1. 评论式导语

评论式导语的特点是叙事与议论紧密结合在一起，可以先叙事后评论，也可以先评论后叙事。

评论式导语要求议论精辟，对新闻事实意义的揭示一语中的，充分挖掘事实本身所蕴含的意义，但不能脱离事实任意发挥，更不能牵强附会地将一些无关的评论强加于事实之上。

2. 设问式导语

设问式导语以提问的方式开头，把新闻报道里已经解决的问题或确定的思想，先用疑问句式鲜明地提出，而后用事实加以回答，使事实更引人注目。设问式导语有利于激发读者阅读全文的兴趣。

设问式导语写作时可边问边答，也可仅开头提问。边问边答时，只是先给读者一个粗略的回答，详细内容留待消息主体披露。例如新华社1978年1月13日《长江究竟有多长？源头在哪里？》一文的导语，开头提出两个问题，紧接着做出简短的回答：

> 长江究竟有多长？源头在哪里？经长江流域规划办公室组织查勘的结果表明长江的源头不在巴颜喀拉山麓，而是在唐古拉山脉主峰格拉丹冬雪山西南侧的沱沱河；长江全长不止5800公里，而是6300公里，比美国的密西西比河还要长，仅次于南美洲的亚马逊河和非洲的尼罗河。

只问不答的导语制造悬念，激发阅读兴趣，如芝加哥《每日新闻》的一则消息《钢铁价格上涨》的导语：

> 本报讯　最近钢铁价格上涨，这将会对你的购买力发生怎样的影响呢？

设问式导语写作的关键在于问题的设计。首先，所设之问应是读者欲知而未知的。记者要研究读者最关心的问题是什么，应抓住读者的共同兴趣设问。其次，设问的目的在于激发读者的好奇心、求知欲，引导他们阅读全文，故问题应难易适中，既不要把设问变成考查，也不要提过于浅显的一般常识性的问题。如果事实复杂，问题难度较大，最好提问后赶紧作答，或指出答案方向。不要一口气提过多问题，否则既容易让读者产生畏难情绪，也有可能分散读者的注意力。

3. 引语式导语

引语式导语援引新闻中主要人物的话或名言警句来点明题旨，引出主要新闻事实。引语有直接引语和间接引语两种。

直接引语即直接引用原话，让导语真实性更突出，能够揭示被采访者的观点或情感，为报道增添艺术性和趣味性。如：

> "羊肉一上天猫，广告就出去了，我们的产品就能卖上好价钱啦，哈哈，太好了！"2014 年 12 月 18 日，苏尼特羊肉产品在天猫商城正式上线开业，苏尼特左旗巴彦淖尔镇查干淖尔嘎查牧民巴特尔听到这个好消息，特别兴奋，他坐在自家的电脑前，时刻关注着开业情况。

直接引语应注意其真实性，不能是记者编造的话。

间接引语把别人的原话加以整理转述，目的在于让引语更简明扼要。间接引语不完全是原话，故不能加引号，但仍必须符合原意，不能断章取义，更不可不负责任地歪曲原意。

使用引语式导语要格外谨慎。美国学者威廉·梅茨在《怎样写新闻》一书中说："一位提供消息的人决不会有意地使自己的话构成一则新闻导语；而且也很少有某个人的话，一字不差地加以引用就是一条最好的导语。"所以，我们在写引语式导语时要首先准确理解说话人的真正意思，再忠于说话人本意组

织文字，必要的时候还要在写完后请说话人确认。

（三）描写型导语

描写型导语多为对现场情景和气氛的展现，因此也被称为"见闻式导语"。如第二十九届中国新闻奖文字消息一等奖作品《23 年圆梦，福建晋江水流进金门》的导语：

> "来水了！来水了！"5 日上午，随着来自福建晋江、穿越约 28 公里陆海输水管道的碧水，在金门田埔水库喷涌而入，3000 多名围观的当地民众欢呼雀跃。

导语中的描写，不像其他体裁的描写那样有较大的驰骋空间，它被严格地限制在一定的篇幅内。导语中的描写是为生动地表现主题，宜采用白描的手法，抓住主要特点，用寥寥几笔简洁传神地写出现场情景和气氛。

四、怎样写好导语

（一）写清楚时、地、人、事这四个实质要素

导语中的实质内容，就是何人、何事、何时、何地，也就是"5W1H"里面的 WHO、WHAT、WHEN、WHERE。这四个要素就是所谓的"第一层次要素"，处于诸多信息的中心。

如以下导语：

> 当地时间 7 月 31 日，美国印第安纳州印第安纳波利斯市西北部发生枪击事件，导致 5 人受伤，其中 1 名 4 岁女童在事件中受重伤。
>
> （"央视新闻"客户端　2021 年 8 月 1 日）

写清"第一层次要素"是对导语写作的基本要求。初学新闻写作者要在写清事实的基础上再追求创新。

（二）用独特的角度来吸引读者

苏轼说看庐山"横看成岭侧成峰，远近高低各不同"，看待一件事往往有多种角度。作为消息开头的导语若有一个独特的角度来吸引读者，这条消息就能在众多新闻的竞争中取胜。传统的新闻写作以倒金字塔结构为标准，强调把最重要的信息置于导语。但新闻事实中的"5W"，究竟哪个最重要，读者最想知道哪个，对此的判断就是在考验记者的功力了。即使同一个"W"，高明的

记者也会选取与众不同的切入点。

例如报道拳王泰森仅用85秒就击败挑战者的消息，新华社记者最初为其撰写的导语是：

> 世界重量级拳王泰森今晚以85秒的时间，击垮挑战者威廉斯，创造了历时最短的一场拳皇卫冕战。

这一导语没有像晾衣绳一样将全部要素列出来，而是抓住了事情比较重要的何人、何时、何事三条，可以说是一条标准的导语，但并不出彩。新华社的编辑没有将上面这段文字当导语使用，而是将其放在了消息主体的第一段。编辑根据拳击比赛的特点和"85秒"这一关键信息，以"85秒"为切入点，将导语改成：

> 85秒！拳王泰森击败挑战者。85秒！历史上最短的拳王卫冕战。85秒！300万美元进入腰包。
>
> （新华社 华盛顿电《泰森：85秒卫冕成功》 1989年7月21日）

改写后的导语则紧扣"85秒"这个不同寻常的要素，用排比的手法，以连续三个"85秒"，给人以一种紧迫感，就像拳击手的出拳一样。这种方式让人耳目一新，能很快吸引受众的眼球。同样精彩的导语还有第三十届中国新闻奖文字消息二等奖作品《丽水发布全国首份村级GEP核算报告1.6亿元！这个村的绿水青山"有价"》：

> 水源涵养，5152.19万元；气候调节，5449.46万元；负氧离子，8.44万元……在丽水市遂昌县大柘镇大田村生活了大半辈子，85岁的村民程万能头一回听说村里的山、田、林、水甚至空气都有价。

获得第二十七届中国新闻奖文字消息三等奖的作品《36年"捡"出一座图书馆》的导语：

> 12月16日上午，四川省图书馆三楼。69岁的巴中老人陈光伟再次摸摸手中的古籍，脸上满是欣慰的笑容。这天，他把收藏多年的1000余册明清古籍，无偿捐献给省图书馆。这些包括字典、医书等珍贵文献的泛黄

图书，饱含着他的心血，也承载着他的心愿。"我想让人知道，无论这个社会怎样喧嚣，也还有我愿意做'傻'事。"

这则消息的导语中规中矩，但稍显冗长，前面两句话较平淡，没有突出关键信息，可以修改如下：

拾荒 30 多年，花在买书、建图书馆上的钱有上百万元，69 岁的巴中老人陈光伟的行为很多人不理解。12 月 16 日，老人还他把收藏多年的 1000 余册明清古籍，无偿捐献给四川省图书馆。"我想让人知道，无论这个社会怎样喧嚣，也还有我愿意做'傻'事。"

（三）制造悬念，展示场景

这样的导语主要目的也是吸引受众的注意。如下面这段导语：

一身酒气，啥都没说，上前便是一刀。

前晚 10 时 20 分许，白云区均禾街长红村发生伤人事件，一名男子酒后持刀将一手机店的两名员工捅伤。随后其搭摩的到均禾街罗岗村，又将讨要车资的搭客仔捅伤。此后，该男子在逃跑过程中又先后捅伤、划伤 7 名路人和一名两岁女童。　　　　（《新快报》 2013 年 2 月 23 日）

新闻报道的方式越来越丰富多样，导语的写作也更加灵活，尽管有一些范式，但不能教条化，要根据新闻事实的具体情况进行创新。如下面这条导语描写、抒情、叙述结合，简明而有意蕴：

桂花秋雨，迎来九月的你。17 日晚，四川传媒学院融合媒体学院在大型演播厅隆重举行 2019 级新生见面会。

第三节　新闻背景

一、什么是新闻背景

新闻背景是指与新闻人物、事件、现象形成有机联系的历史材料和环境材料，是"新闻背后的新闻"。

任何事物都不是孤立存在的，它总是和一定的历史条件和社会环境密切联系。历史材料注重新闻的纵向联系，而环境材料注重新闻的横向联系，两者结合，就给新闻确立了一个坐标，有利于将新闻价值充分地体现出来。

新闻背景是新闻报道的有机组成部分，许多著名的新闻工作者都十分强调背景材料的运用。美国著名新闻学者、哥伦比亚大学教授麦尔文·曼切尔认为不使用背景材料的报道是不全面的，无法向受众提供充分的信息。

二、新闻背景的作用

（一）帮助受众理解新闻

这类背景材料通常为解释性的，可以帮助受众理解新闻内容，通常包括对专业术语、物品性能、科技成果等的说明与介绍。如第二十七届中国新闻奖文字消息一等奖作品《1445种全新病毒科被发现》，其中有一段背景资料：

> RNA病毒是生物病毒的一种。常见的RNA病毒中就有公众很熟悉又避之不及的，诸如艾滋病病毒、"非典"病毒、埃博拉病毒、禽流感病毒等。其在病毒复制过程中变异很快，所以很难研制出相应的疫苗。据介绍，全新病毒的发现也揭示病毒基因组具有极其巨大的灵活性，包括频繁的重组、病毒和宿主间的水平基因转移、基因的获得和丢失以及复杂的基因组重排。

（二）突显新闻价值

这类背景材料主要用来与新闻事实做比较，凸显新闻意义，使读者对事件有更深的认识。在第十四届中国新闻奖文字消息二等奖作品《中国总理与艾滋病人握手》中有这样的背景资料：

> 一些学者指出，在中国及其他很多亚洲国家，由于文化、社会等因素的影响，容易对艾滋病人产生歧视，这造成患者和病毒携带者生活艰难，也使很多人不愿深入了解有关艾滋病的知识。
>
> 最近一项调查显示，约20%的中国人从未听说过艾滋病，只有66%的被调查者知道艾滋病不会通过共餐传播。多达77.2%的被调查者表示不能接受让感染艾滋病病毒的同事继续工作。

这是一篇对外报道。在西方人眼中，和艾滋病人握手是极其平常的事情，

没有什么新闻价值，但在中国等亚洲国家，由于文化、社会等因素的影响，容易对艾滋病人产生歧视。加上这样的背景材料，可以让西方人理解这"中国总理与艾滋病人握手"这一新闻事实的重大意义。

（三）表达记者的立场、观点

新闻报道中，记者不宜公开表明对新闻事实的立场、态度，但可以通过巧妙安排对读者有暗示作用的背景材料，表达记者的主观倾向。如：

阿部长会议主席谢胡自杀身亡

（新华社　北京 12 月 19 日电）据阿通社报道，阿尔巴尼亚部长会议主席穆罕默德·谢胡 12 月 18 日自杀身亡。

这一消息是阿尔巴尼亚党政领导在 18 日晚发布的一项公报公布的。这项公报说，谢胡是在"精神失常"时自杀的。

在这之前，阿通社在 12 月 17 日曾经发表 16 日谢胡在地拉那接见罗马尼亚政府贸易代表团的消息。

谢胡自 1948 年起任阿尔巴尼亚劳动党中央政治局委员，1954 年起任阿尔巴尼亚部长会议主席，终年 68 岁。

这一消息中，最后两个自然段为背景材料，介绍了谢胡死亡前一天的活动及谢胡的履历，两段背景材料暗示了对谢胡死因的怀疑。

消息与评论有严格的区分，消息不允许记者在报道中对所报道事件或人物进行评论。但是，新闻报道不可能只报道新闻事实而毫无倾向性，这个倾向便暗含在背景材料中，通过巧妙选取、组织背景材料，记者既可以暗示自己或媒体的倾向，又不违背消息不评论的原则。

（四）增添情趣，增强新闻报道的可读性

这类背景材料主要包括历史文献、风土人情、文化习俗等，可以帮助读者增长知识，增强新闻报道的趣味性和可读性。

三、新闻背景写作技巧

（一）巧妙穿插，灵活运用

新闻写作中，背景资料究竟放在什么地方，没有硬性要求，而是根据新闻主题的表达需要灵活布局。它可以是一个独立的段落，也可以是一句话，还可以是句子的定语。如"中国女子排球队今天上午在东京举行的第三届世界杯女子排球赛中，以三比零击败了曾八次获得世界冠军的苏联队"，其中的定语

"曾八次获得世界冠军的"就属于背景资料。

背景资料的交代没有固定位置，要根据需要自然灵活安排，与新闻形成一个有机的整体。

背景可以出现在标题中，如：

中国猿人第一个头盖骨发现者（引题、背景）

裴文中追悼会在京举行（主题）

背景可以出现在导语中，如：

（环球时报驻秘鲁特约记者 孟可心 环球时报特约记者 王逸）当地时间 28 日，秘鲁当选总统卡斯蒂略在国会正式宣誓就职，任期 5 年。现年 51 岁的卡斯蒂略作为自由秘鲁党候选人，在今年 6 月 6 日举行的总统选举第二轮投票中击败人民力量党候选人藤森庆子，当选秘鲁总统。卡斯蒂略是秘鲁历史上第一位农民出身的总统。此前，他从未担任过公职，就职前还在自家土地上用马拉犁播种。

（光明网 2021 年 7 月 31 日）

背景也可以在主体中适时穿插，如第十七届中国新闻奖文字消息一等奖获奖作品《火车首次跨越"世界屋脊"》（节选）：

青藏铁路全线通车，圆了中国革命先行者孙中山的梦想，也攻破了美国现代旅行家保罗·泰鲁"有昆仑山脉在，铁路就到不了拉萨"的断言。

青藏铁路从西宁至拉萨，全长 1956 公里。其中 814 公里的西宁至格尔木段已于 1984 年通车，格尔木至拉萨段 2001 年 6 月 29 日开工建设。

这一工程被喻为"奇迹"，因为人们过去普遍认为沿线的多年冻土层根本无从支撑铁轨和火车。

"没想到，这辈子我还能坐上火车！"乘坐首列出藏列车 700 名旅客之一、藏族牧民土登当曲说。他的"英雄结（辫子）"是用新的红头绳编的，"因为今天是大喜的日子"，他说。

土登当曲有 5 个孩子，最大的 27 岁，他希望能带着孩子外出打工、做生意。

拉萨大昭寺僧人次仁为沿线的风光陶醉，迟迟不肯坐下。"到了青海

我要去塔尔寺朝佛。"

塔尔寺是藏传佛教格鲁派（"黄教"）的六大寺院之一，也是黄教创始人宗喀巴的诞生地。

上述报道选段中的画线部分为背景资料，它并没有一齐在某段出现，而是根据行文需要灵活地穿插在主体中，与新闻主体水乳交融，使整个报道一气呵成，变化多姿，读起来饶有趣味。

（二）围绕新闻主题

选取、组织背景资料时应先想清楚运用背景材料的目的：是要让受众理解新闻报道中的专业内容，还是让受众了解新闻事实出现的原因？是要让受众获悉新闻事实的来龙去脉呢，还是让受众更加理解新闻事实的深刻意义？要清楚目的，才能围绕新闻主题准确地选择背景材料，而不是盲目堆砌背景材料。如第二十二届中国新闻奖文字消息一等奖作品：

就业局长"潜伏"打工探扬州用工

扬州网讯（记者　胡俭）　昨天中午，扬州宝亿制鞋厂，60多名云南曲靖市的务工人员前来报到。欢迎新员工的典礼上，一位戴眼镜、挎皮包的中年男子，从人群中挤上主席台，向乡亲们挥手致意："我叫陈家顺，曲靖市就业局副局长，去年曾在宝亿制鞋厂打工一个月……"这一句自我介绍，令宝亿鞋厂的新老员工惊讶地瞪大了眼睛。

去年春天，西南大旱，扬州众多企业向云南曲靖等重旱区发出用工"邀请函"。很快首批80多名曲靖农民来到宝亿鞋厂，陈家顺就是他们的领队，有人称他"工头"，也有人叫他"大哥"，却没人知道他是曲靖市就业局副局长。

原来，曲靖当地百姓很少走出大山，总担心外出受骗受欺负。扬州务工环境究竟咋样？光看招工广告不行。百闻不如一见，百见不如一试，陈家顺自告奋勇当起"工头"，要实地体验扬州的务工环境。

经过一周岗位培训，陈家顺被分配到整理车间，负责打包卸运。一周工作五天，周六加班计发加班费，周五晚上工厂还开展联谊会。八人一间宿舍，有空调、有热水。每月10日，工厂按时发薪水，外来员工全部参加社会保险。陈家顺按时拿到首月工资后，向宝亿老总递上自己的名片说：把家乡工人交给你们，放心！他在"打工报告"中这样写道：扬州企业合理工资吸引人，人性管理温暖人，事业发展激励人。随后，一拨又一拨的曲靖农民工被输往宝亿制鞋、川奇光电等企业。

去年12月底，扬州市人力资源和社会保障局前往曲靖，将曲靖列为扬州第58个外省劳务基地，今年春节前，200多名曲靖员工被吸纳到扬州经济技术开发区的企业中。

今年春节后，全国各地大闹"用工荒"，扬州经济技术开发区跨省招工，一周招聘签约1.8万人，用工计划甚至排到今年七八月份。扬州市人力资源和社会保障局副局长颜军说，扬州园区企业用工缺口2万多人，但没有出现"用工荒"，就是因为扬州建立了一批外省劳务合作基地，扬州企业注重待遇留人、感情留人、事业留人。

在昨天的欢迎仪式上，颜军拉着陈家顺的手说："你的特殊'打工'经历，就是对扬州务工环境的最好宣传，感谢你啊！"

这篇新闻报道除了开头和结尾两段为新闻主体外，其他都是背景，记者交代这些背景的目的很明确，就是让读者了解"潜伏局长"的打工故事，深刻反映了具有时代感的社会主题。背景信息虽然多，但始终围绕"副局长打工探扬州用工情况"这一主要新闻事件来展开。

（三）要有社会大背景意识

记者要有丰富的知识储备，不仅要注意积累历史、地理知识，更要关心时政，了解党和政府的重大方针政策，把握时代的脉搏。只有这样，才能有社会大背景的意识，进而才能对新闻事实形成正确的判断，写出具有深度的报道。

（四）繁简得当

运用背景资料时要避免两个极端的倾向。一种是缺乏交代新闻背景的意识，一篇本来需要使用背景资料的消息，记者写作时却没有使用，给读者理解新闻的意义造成了困难。另一种是新闻背景资料过于烦琐，喧宾夺主，让读者不得要领。

（五）适合受众

不同的媒体拥有不同的受众定位，不同受众对事物的接受能力、关心程度、了解程度也各不相同，因此新闻背景的交代也应有的放矢，区别对待。这就要求我们研究受众，懂得受众心理，了解多数受众所关心的问题，这样，运用背景资料时才有明确的目的性。比如说，当地新闻如在本地媒体上发表，因为读者一般都熟悉本地环境，就不一定写环境背景；倘若要面向全国的受众，那就应当交代必要的环境背景。同样，在国内报道中不必交代的背景，对外报

道时就可能需要有所交代；在专业媒体上不必写的知识背景，是综合性媒体上发表时也可能需要有所交代。总而言之，要考虑到受众是否能看懂，对大多数读者不清楚、不理解的内容，就要利用背景资料加以说明或解释，尽量做到"外行人看得懂，内行人不厌烦"。

第四节　消息主体

消息主体是消息报道的正文，它是继导语之后对新闻事实进行的全面、详细报道。那些在导语中没有详细说明和未能涉及的新闻要素，要在消息的主体部分有机地组合起来，从而使报道更加详尽完整。

一、消息主体的作用

（一）解释和深化导语

消息主体就导语所涉及的内容进一步提供细节和背景资料，如下面这一则消息：

高三学生舍身救母被大水卷走　遗体在护城河找到

（中新社　汕头 5 月 23 日电　李怡青　张源　李镇兴）搜救人员 23 日在汕头市潮阳区护城河发现前一天暴雨中舍身救母，不幸被水卷走的失踪高三学生遗体。

据了解，落水失踪者是潮阳一中的高三学生马浩鑫，还有 16 天就要参加今年高考。22 日上午，由于连日来暴雨导致汕头潮阳城区内涝严重，马浩鑫的母亲考虑到孩子的安全，骑车送孩子上学。母子俩路过新池尾（地名）时，由于身后的母亲拐弯过猛，连人带车跌进路边的排水沟里。儿子看到母亲落水，丢下单车，想去拉母亲上来，却被湍急的水流一下卷进水沟中。

家住附近的江桂亮和妻子林素梅看到这一幕，马上上前救援。在江桂亮夫妻的救援下，马浩鑫的母亲被拉了上岸，而马浩鑫却被卷入四五米之外的暗沟里去了。

事发后，汕头潮阳公安消防大队官兵、当地居委会干部以及派出所民警马上开展搜救工作。直到 22 日傍晚，搜救人员只打捞到了一个书包，包内学生证和书籍、学习用品等都系落水者马浩鑫物品。

23 日，搜救人员在潮阳护城河南门发现溺水失踪的高三学生马浩鑫的遗体。目前，相关善后工作正在进行中。

据当地市民介绍，这条排水沟穿过新宫社区，并流入护城河，22 日，由于连日持续大暴雨，大量的雨水漫过了排水沟，水深的地方达到 1 米，过往行人根本无法分辨出是水沟还是道路。

此消息的导语为第一自然段，导语中提到了高三学生在暴雨中为救母亲被水卷走，23 日遗体被找到等新闻事实，新闻主体则围绕这些事实详细地展开叙述。

（二）补充交代导语中未曾提到但与主题密切相关的信息

哈罗铁路建成通车

11 月 29 日 12 时 26 分，57001 次货物列车缓缓驶出哈密南站。至此，全长 374.83 公里的哈密至罗布泊铁路全线建成通车。被人们称为"死亡之海"的罗布泊从此有了风笛声。

哈罗铁路终点——罗布泊镇罗中区是我国重要的钾肥生产基地，储量居全国第一。列车开进罗布泊将有效缓解我国钾肥长期严重依赖进口的局面。

哈罗铁路 2010 年 3 月开工建设，2012 年 11 月全线竣工。在两年多的时间里，哈罗铁路建设者们面对恶劣的自然环境，战风沙，斗严寒酷暑，艰苦鏖战，保证了哈罗铁路按计划全线建成。

乌鲁木齐铁路局局长唐士晟表示："我们要管好哈罗铁路，让这条铁路为促进新疆维吾尔自治区经济社会发展，提高各族人民物质生活水平，推动新疆能源战略又好又快发展起到重要作用。"

（新华网　2012 年 11 月 30 日）

导语交代了哈罗铁路建成通车这一主要新闻事实，新闻主体则写了罗布泊镇的资源、铁路建设者们的艰辛、铁路局局长的表态等，是对导语的补充。

二、消息主体的写作要求

（一）要为导语补充新的信息，不要简单重复导语

写好新闻主体，一个重要的问题是如何处理好主体与导语的关系。我们知道，大多数的新闻标题要点明主要信息，而导语也要求突出主要信息，主体部分又是对主要信息的具体化。这就是消息写作中的"三重复"现象，它是对主体信息的强化，但不能沦为信息的一次次复述。只要导语在标题的基础上补充了新的信息，主体又在导语的基础上补充了新的信息，就可以避免信息的简单复述、单调乏味。如前面的案例《高三学生舍身救母被大水卷走　遗体在护城河找到》，在标题的基础上，导语补充了找到遗体的时间及具体地点，正文又在导语的基础上，补充了高三学生的姓名、就读的学校、母子落水的情形、目击者的回忆、参与搜救的人员、排水沟的安全隐患等，在信息的不断更新完善中，吸引读者继续看下去。

（二）紧扣主题，甄选材料

标题和导语为消息写作定下了基调，表明了方向和主题。主体部分要围绕主题来取舍、组织材料，使主题更加突出明确。如第二十八届中国新闻奖文字消息一等奖作品：

创造港珠澳大桥的"极致"

世界最长海底隧道"最终接头"　二次"精调"实现毫米级偏差

本报讯（记者陈新年　廖明山）港珠澳大桥海底隧道工程近日完成"最终接头"的安装，已经可以步行穿越了。昨天，记者来到这条世界最长的海底隧道采访，除了兴奋之外，还得到了一个令人震惊的消息：在"最终接头"成功安装后，还进行了一次耗时 34 小时"返工"式的精密调整，最终误差缩小到了"毫米"，建设者们说："我们没留遗憾。"

港珠澳大桥海底隧道是世界最长的海底深埋隧道，沉管总长度 5664 米，由 33 节混凝土预制管节和 1 节 12 米长的"最终接头"组成。其中，"最终接头"所采用的"小梁顶推"技术和装备为自主研制并属世界首创。

5 月 2 日，"最终接头"在 10 多位外国专家和 99 名媒体记者的见证下，在 28 米深的海水中实现成功安装，南北向线形偏差控制在正负 15 厘米的标准范围内，实现了"日出起吊、日落止水、滴水不漏"的奇迹。

欢呼祝贺过后，最终接头的线形偏差引起了争论。"港珠澳大桥是120 年设计使用寿命的超级工程，就像之前曲曲折折的 33 根沉管安装一样，这一次也绝不能留下任何遗憾。"3 日早上，中国交通建设股份有限公司总工程师、港珠澳大桥岛隧项目总指挥林鸣提出了一个大胆的想法——重新安装调整。

"这么好的结果，我反对再调整！"决策会上，"最终接头"止水带供应商荷兰特瑞堡公司工程师乔尔表示，"虽然止水带仍然可以再压缩一次，但是为了精调一个方向，就可能将这些来之不易的完美重新置于不确定性之中，一旦发生碰撞，不仅损失超亿元，甚至会造成重大事故"。

上午10时许，多方讨论的结果是"偏执"占了上风。乔尔被这些为了精益求精而甘愿承担极大风险的中国工程师的情怀感动，他感叹"这是一个非常艰难的决定"。

4日晚8时43分，执着的大桥建设者经过34小时的奋战，将"最终接头"的线形偏差成功缩小到东侧0.8毫米、西侧2.5毫米。

"这就是我想要的结果"，一天没上厕所、连续34个小时没合眼、指令发出上万次的林鸣终于笑了。"在我参与的15座沉管隧道建设中，这个是最棒的，没有之一，港珠澳大桥是世界造桥技术的最高体现。"乔尔感慨万千。

荷兰隧道工程咨询公司TEC是世界沉管隧道领域的佼佼者，曾笑称"中国企业不会走路就想跑"。5日，该公司发来贺电，向精准完成这一世界级难度安装的工程建设者们致敬。贺电中说，中国建设者的最终接头施工方案，是对世界沉管隧道技术的重大贡献。

这篇作品最大的成功之处在于主题鲜明、材料聚焦。在关于港珠澳大桥海底隧道最终接头的海量报道中，这条消息另辟蹊径，以记者现场穿越海底隧道的最新事实为由头，引出"二次精调"这一鲜为人知而又惊心动魄的创举，通过故事和矛盾冲突展示了中国工程师的胆识与智慧，以及追求卓越、精益求精的大国工匠精神。消息的主体部分，从不同的角度对导语做具体全面的展开，表现全篇消息的主题思想。

新闻消息篇幅有限，应坚持"一事一报的原则"，即一条消息只能表达一个主题，讲述一个故事，聚焦一个焦点。如果什么素材都用上，什么背景都交代，那么所写的消息就会散乱。记者一旦确定好主题，一定要在充分占有材料的基础上反复比较，找出最独特的新闻事实、最新的新闻视角，用最佳的结构筛选、组织材料，以写出精练又精彩的消息。

（三）内容充实，形式丰富

新闻主体部分内容要充实、材料要具体，并通过数据对比、背景介绍、精当的议论、故事化的讲述、生动的细节描写等多种方式表现内容，使作品节奏明快，吸引力强。如第二十六届中国新闻奖文字消息一等奖作品：

从受触动到行动　知识改变命运
629户人的藏乡走出359名大学生

本报讯（记者徐中成）"这两年，别人想在我们村寨娶走个媳妇都难。"3月25日，记者在阿坝州若尔盖县求吉乡采访时，嘎哇村村委会主任仁卓的一句感慨引起了记者的注意。为何难？原来，村里年轻人不少都出门上大学去了。全乡共 629 户人，近 7 年间已有 235 人从大学毕业，还有 124 名大学生在读。

求吉乡地处若尔盖县和甘肃省迭部县交界处，只有 7 个村、21 个自然寨，却是全县走出大学生最多的乡镇。乡党委书记张建荣说，乡里不少学生考进了中央民族大学、四川大学等知名大学，还出了全县第一个留学生。

一个偏远的藏乡，为啥能培养出这么多大学生？

张建荣介绍，上世纪末，求吉乡村民组建了潘州物流车队，走南闯北跑运输。眼界打开后，不少村民才发现，由于自己文化程度低，做事受限，于是空前地重视起子女教育问题来。

下黄寨村村民尼美多吉开货车已有 20 年，"我小学二年级都没读完，好多路牌认不到，找路很不方便"。同村的巴千学不认识几个字，跑运输时要记录饭店电话，就在电话本上画个碗和筷子，再记上数字。尼美多吉一家省吃俭用，支持独生女儿罗措考入了阿坝师范学院。巴千学的儿子多吉扎西已大学毕业，正在自己创业搞现代农业。

近年来，对国家和省里的"两免一补""9+3"免费职业教育等政策，求吉乡党委、政府大力宣传，让家家知晓。每年 6 月 1 日，乡上召开群众大会，以藏族的最高礼仪，给尊师重教的好家长和爱岗敬业的好老师献上哈达，给品学兼优的好学生发放学习用品。连续多年，求吉乡的入学率、巩固率、升学率均保持在 100％。

求吉乡并不富裕，村民们千方百计筹措教育费用，有的不惜卖掉家中全部牦牛。

去年夏天，上黄寨村召开了一次村民会议，议题是：把重视教育列入村规民约。原来，比起邻近的苟哇村、下黄寨村，上黄寨村的大学生较少。村民们商定，凡是有人考上大学，村上给予 1000 元奖励，每户村民还要各凑一两百元给他们当学费。

社会各界也伸出援手。由退休干部牵头成立的求吉乡教育助学协会，募集爱心资金 70 余万元，已对全乡所有在校大学生进行了资助。

据初步统计，求吉乡的大学生毕业后，少数去了成都等大城市，约 90％的人回到了阿坝州工作，成为教师、医生、公务员、技术员，其中科级干部已近百人，求吉乡成为阿坝州双语干部的一个摇篮。

29 岁的更巴措是苟哇村人，她从绵阳师范学院毕业后主动回乡当了一名小学语文老师，"希望帮助更多孩子走出藏寨"。

这篇消息的素材丰富、结构紧凑。从求吉乡村民认识到教育重要性开始，一步一步介绍他们如何展开教育扶持工作、奖励工作，获得了怎样的成果，还交代了大学生毕业去向以及对未来的展望，叙事"有头有尾"。整篇消息包含了读者想要了解的内容，除了"5W＋1H"外，还涉及政治、经济、社会、文化等背景。作品以讲故事的方式，用事实描述事实，表现手法丰富。正如该作品参评中国新闻奖的推荐理由："既抓住了村民因不识字在电话簿上画碗筷这样的生动细节，也反映了贫困家庭卖牦牛筹学费的现实困境，还描述了每户村民凑一两百元资助大学生家庭这样的温情故事，这些有冲击、有感动、有希望、有光明的细节，具有强烈的感染力和说服力。"

第五节　消息的结构

消息结构形式多样，不同的结构适合不同的报道对象。这里介绍几种常见的消息结构。

一、倒金字塔结构

倒金字塔结构指按新闻价值递减的顺序来安排新闻事实的一种结构。这种结构头重脚轻，所以被称为倒金字塔结构。它是一种传统的、常见的消息结构，适用于报道故事性不强的消息。如第二十五届中国新闻奖文字消息二等奖作品《马德里迎来首趟"义新欧"货运班列》采用的就是倒金字塔结构：

马德里迎来首趟"义新欧"货运班列

西班牙时间 12 月 9 日上午 10：30（北京时间 17：30），西班牙政府发展部和中国驻西班牙大使馆将在马德里 Aboriginal 火车站举行隆重仪式，迎接一位特殊的"新客人"———由中国国家主席习近平亲自"代言"、从万里之外的中国义乌开来的首趟"义新欧（义乌—马德里）"国际铁路货运班列，共同庆祝中欧新"丝绸之路"的诞生。

今年 9 月 26 日，中国国家主席习近平在会见来访的西班牙首相拉霍伊时说，当前中欧货运班列发展势头良好，"义新欧"铁路计划从浙江义乌出发，终点设在马德里，中方欢迎西方积极参与建设和运营，共同提升两国经贸合作水平。

在两国领导人的共同关心下，首趟"义新欧"班列上月 18 日从义乌出发，途经中国、哈萨克斯坦、俄罗斯、白俄罗斯、波兰、德国、法国、西班牙 8 个亚欧国家，全程 13052 公里，成为目前世界上线路最长、途经国家最多的国际铁路货运班列。经过 21 天的长途跋涉及两次换轨后，这趟装载了 82 个标箱义乌小商品的班列顺利抵达马德里。据悉，这是中国小商品首次通过铁路方式运抵西班牙。

义乌有全球最大的小商品市场，马德里是欧洲最大的小商品集散地。近年来，两地经贸往来十分密切。目前，西班牙已成为义乌小商品出口欧盟的最大目的地国。今年 1—8 月，义乌小商品出口西班牙 13.5 亿元，同比增长 18.9%。

得知首趟"义新欧"班列顺利抵达马德里，西班牙华侨华人协会主席毛峰非常高兴。毛峰说，目前有数万名华商在西班牙经营小商品，这些小商品绝大部分从义乌市场采购。以前，西班牙华商在义乌采购商品后，大多通过海运的方式运至西班牙，用时一个半月左右。现在，"义新欧"班列 21 天就能到达，比传统的海运节约一半多时间。相信随着时间成本和运费不断下降，越来越多的西班牙华商会选择"义新欧"班列。

中国驻西班牙大使馆代办黄亚中表示，"义新欧"班列打破了中国小商品依赖海运的出口运输方式，开辟了中西两国的商贸物流新通道，是中国"一带一路"倡议取得的重要新进展。

作品采用倒金字塔结构，报道了中欧货运班列产生的背景及重大意义，条理清楚，节奏明快。

倒金字塔结构有三方面益处：

（1）便于记者赶截稿时间。如果记者采访结束时离截稿时间已经很近，就可以运用倒金字塔结构，先写最重要的内容，以便随时结尾，将消息赶在截稿时间之前发出去。

（2）便于编辑制作标题和删减稿件。编辑遇到倒金字塔结构的消息，只要读前几段就可以了解新闻的要点，迅速制作标题。在拼版过程中，如果稿子篇幅太大，版面不够，对倒金字塔结构的消息，可以由下往上删，不影响消息结构的完整也不会误删重要信息。

（3）便于读者阅读。当读者读报时间比较仓促时，倒金字塔结构的消息让读者读完前几段就可掌握关键信息。

倒金字塔结构虽然有上述诸多优点，但也有不足之处：读者看了导语之后，就会降低了阅读期待，将消息全部看完的可能性就变小了。

二、时间顺序式结构

这种结构与倒金字塔结构相反，也称"金字塔式结构"，完全按照事件发生、发展的顺序来写，事件的开头就是新闻的导语。写作这种消息与写一般的记叙文相似，需要剪裁选材，不能写成流水账。写作时特别要注意交代清楚事情发展的几个阶段。如《北京晚报》1985年1月24日的一则消息《两名大学生玩命》：

> 1月22日下午7时，北大分校物理系18岁学生吴某，与3名女同学到学校附近的铁道边散步。
>
> 吴对女同学说，国外常有人趴在路轨中间，火车过后安然无恙。
>
> 这时一列火车正巧从西直门方向驶来，吴和一女同学欲亲身一试。他们迎着火车趴在路轨中间。
>
> 火车司机发现后，立即采取紧急制动措施。车头和一节车厢从他们上面驶过之后停了下来。
>
> 女同学从车下爬出，侥幸留下了性命。吴某却没出来，他的颅脑受到严重损伤，已经丧生。

这则消息完全按事情的开端、发生、发展、高潮、结局的顺序来写，这种写法不能让读者一眼就看到新闻事实的高潮部分，但它具有一定的悬念，能吸引读者的阅读兴趣。当然，这则消息也有两处不足：没有写出北大分校的确切地点，缺少对幸存者的采访，真实性没有得到充分的保证；标题"两名大学生玩命"较笼统，没有突出新闻的戏剧性和悲剧性。

并不是所有的消息都能采用时间顺序式结构来写。时间顺序式结构适用于场面生动的事件性新闻，条理清晰，现场感强，故事的结尾部分是事件高潮，有点像相声里的"抖包袱"。其缺点是开头平淡，消息的精华可能被叙述淹没，增加了读者提取要点的难度。

三、沙漏式结构

沙漏式结构是倒金字塔结构和时间顺序式结构的结合体，它的开头部分与倒金字塔式结构非常相似，有一个叙述新闻核心信息的导语，之后按照时间顺序来展开消息主体。

前述消息《两名大学生玩命》可改写成沙漏式结构，如下：

北大分校两名同学听说国外有人趴在路轨中间，火车过后安然无恙。1月22日，在学校附近的铁道边，两人决定亲身一试，结果一人丧生，一人侥幸留下一命。

1月22日下午7时，北大分校物理系18岁学生吴某，与3名女同学到学校附近的铁道边散步。吴对女同学说，国外常有人趴在路轨中间，火车过后安然无恙。这时一列火车正巧从西直门方向驶来，吴和一女同学欲亲身一试。他们迎着火车趴在路轨中间。火车司机发现后，立即采取紧急制动措施。车头和一节车厢从他们上面驶过之后停了下来。女同学从车下爬出，侥幸留下了性命。吴某却没出来。他的颅脑严重损伤，已经丧生。

沙漏式结构具有倒金字塔式结构的导语优势，开门见山，新闻感强；导语之后按时间顺序写作，全篇具体、完整。沙漏式结构适用广泛，在消息写作中用得非常多。

四、板块式结构

板块式结构按照新闻内容的性质或要素，将消息主体划分成不同的板块，并分别为这些板块命名小标题，各板块组合形成一篇完整的消息。如《成都商报》2016年3月9日的一篇消息：

蜜蜂发疯了　3头牛被3万多只蜜蜂群攻蜇死

春暖花开，蜂飞蝶舞。也许，你万万想不到，一向看起来十分温驯的小小采花蜂，也可能带来致命伤害。3月6日，在乐山市夹江县城郊，3头牛被3万多只蜜蜂群攻后活活蜇死，放牛人和养蜂人都损失惨重。目前，死牛已被深埋处理，双方正协商赔偿问题。

对此，医生及专业养蜂人提醒，外出赏花时尽量不要穿鲜艳的外衣，也不要刻意去招惹蜜蜂，女士外出赏花最好莫喷香水。

事发：3头牛被群蜂攻击致死

3月8日上午，66岁的罗开全刚刚从夹江县中医院出院。回忆起两天前的一幕，罗开全仍忍不住瑟瑟发抖，"我养了20年牛了，从没遇到过这种情况，3头牛竟然被蜜蜂活活蜇死了，我也被蜜蜂蜇伤了"。

他回忆，6日早上8时许，罗开全的老伴田小林将3头牛牵到约1公里外的空田坝里，将牛拴在树上吃草。三个多小时后，罗开全远远就看到有很多蜜蜂围着牛飞舞，其中一头大牛已经倒在地上了。罗开全非常吃惊，跌跌撞撞飞跑过去，赶紧挥刀砍断系牛的绳子。

在附近看守工地的刘师傅恰好也看到了这一幕。他回忆，罗开全砍断绳子后，另一头没死的大牛和小牛跑开了，不少蜜蜂转而袭击了他的头、手和脖子。

刘师傅看到那头跑开的大牛疯狂地一头扎进附近的水凼中，一会就没了动静，而那头小牛跑了100米远后也倒在了地上。

猜测：蜜蜂被牛尾驱赶激怒

事发后，罗开全被及时送到了夹江县中医院进行救治，随后他拨打了110报警。他很疑惑，蜇死牛儿的蜜蜂来自哪里？原来，放牛地一墙之隔，是夹江人李先生的养蜂场。

李先生说，直到当天16时许，派出所民警来做调查，他才知道蜜蜂蜇死了牛并蜇伤了人。"太意外了！我养了25年蜜蜂，还是第一次遇到。"李先生猜测说，可能是牛身上有特殊气味吸引了蜜蜂，少量蜜蜂飞过去后，牛便会甩尾驱赶蜜蜂，把蜜蜂激怒了，更多的蜜蜂前来群起攻之，最终将牛儿蜇死了。

处理：双方损失惨重正协商赔偿

在夹江县相关部门的协调下，3头死牛被深埋处理。

罗开全称，三头牛加起来有1000多斤重，按照市场行情，损失3万多元，他认为养蜂场应该负主要责任，理由是蜜蜂的主人没有看管好蜜蜂，也没有及时采取措施。

而养蜂人李先生经过清点发现，蜇死牛的蜜蜂大约有七八箱共计3万多只，在蜇死牛之后，这些蜜蜂也全部死了，损失至少有7000多元。"我们也是受害者，我们承认有一定的责任，但主要责任在对方。"李先生表示，罗大爷把牛拴在树上，人就走了，自己没有看管好牛。

目前，当地派出所、村组干部和养蜂协会等，正在组织罗大爷和李先生双方进行协商解决此事。

温馨提示
正值观花季赏花最好莫喷香水

据夹江县中医院医生郑新介绍，人体受蜂蜇后在受蜇部位立即出现肿胀、充血，有烧灼感，重者有发热、头痛、恶心呕吐、昏迷等现象，个别特异质者对蜂毒过敏，会出现喉头水肿、呼吸困难、神志不清等过敏性休

克现象。

当前正值赏花和踏青旺季，大家在户外遇到蜜蜂该怎么办才不会招来蜜蜂攻击？如果招到攻击又怎么办？郑新建议，如果有很多蜜蜂在周围飞舞，最好站立不动，保持镇静让它自行飞去，切不可挥舞拍打蜜蜂，以免蜜蜂误认为受到攻击。如果被蜜蜂蜇后，最好立即拔出毒刺，然后用清水冲洗伤口。

"其实，蜜蜂不到万不得已时是不会蜇人的，因为，它蜇人以后自己也会死掉。"乐山养蜂协会负责人李永平介绍说，普通的采花蜜蜂的毒性并不是很大，即使被少量的蜜蜂蜇了一下，也不会有太大危害，现在医学还有蜂毒疗法。但如果蜜蜂数量太大，确实可带来致命伤害。

李永平特别提醒，外出赏花时尽量不要穿鲜艳的外衣，也不要刻意去招惹蜜蜂。蜜蜂对具有刺激性的气味都很敏感，如人身上的汗臭味、化妆品味、香水味等都会引起蜜蜂的敌意，尤其女士外出赏花，最好别喷香水。

这篇消息将事件的过程、原因、结果分成三个板块进行报道，层次分明。最后还结合时令，附加了一个"温馨提示"，结合"正值赏花和踏青旺季"，在新闻的接近性上做文章，加大了新闻价值。

板块式结构消息的开篇一般要有导语。小标题的制作要求与大标题总体来说是相同的，都要突出重要信息；不同之处在于小标题可以只用一个关键词或词组点明核心要素，大标题则必须是完整的"主＋谓＋宾"结构，表达完整的意思。

板块式结构适合新闻价值点较多的、较复杂的消息，可以减轻阅读时的心理压力，提升传播效果。

五、华尔街日报体

华尔街日报体是美国《华尔街日报》惯用的一种消息写作方法，主要适用于非事件性消息。

（一）华尔街日报体的构成

（1）导语：描述与新闻主题有关的人物、场景、细节，以人性化的故事开头。

（2）过渡：用过渡段展现报道的主题。

（3）展开：通过背景资料或采访对象的观点，集中而有层次地深化主题。

（4）结尾：照应开头，重新将人物引入新闻，交代人物与新闻主题的关系；也可以不照应开头，以其他方式结尾。

（二）华尔街日报体的写作要求

1. 报道的主题要明确

"华尔街日报体"采用点面结合的写作手法，由具体的事件或人物展开，由小见大，罗列数据或提出问题，以表现一种社会现象或一项政策法规等。开头的人或事只是引子，由此引出的主题才是报道的中心。

2. 个体故事要典型

利用个体切入主题无疑是个好办法，但一种社会现象、一件国内外大事往往涉及众多人物。只有那些具备一定的普遍性和代表性，最好同时具有戏剧性或悬念的人或事，适合用作引子，切入主题。经过精心选择的好的引子可以极大地激发读者的兴趣。

3. 过渡要自然

读者的兴趣不仅取决于故事、悬念、细节，还取决于材料的精心安排。报道各部分能否流畅过渡，是对写作技巧的考验。

4. 主题展开要有条理

在对新闻事实逐步展开叙述时，层次要清晰，新闻事件与背景材料的组合要自然。

5. 要有新闻由头

新闻写作要有新闻由头，新闻由头是指新闻报道的价值依据与时间依据，即新闻为什么值得报，为什么要现在报。对于非事件性消息来说，时间依据比较难以准确发现。如果缺少由头或者由头不太适合，消息就缺少时效性，读起来非常突兀。

非事件性消息的时间依据主要有三种：

（1）踏访式由头，指记者深入现场发现新的事实。如前面提及的《从受触动到行动　知识改变命运》，它的导语就交代了踏访式由头：

"这两年，别人想在我们村寨娶走个媳妇都难。" 3月25日，记者在阿坝州若尔盖县求吉乡采访时，噶哇村村委会主任仁卓的一句感慨引起了记者的注意。为何难？原来，村里年轻人不少都出门上大学去了。全乡共629户人，近7年间已有235人从大学毕业，还有124名大学生在读。

（2）将旧事实的新变化作为由头。某些事在过去了一段时间之后又有新情况出现，可能改变人们对旧事实的认知。这时，就可以将新情况、新变化作为由头。

梁衡在《没有新闻的角落——一个记者的内心独白》一书中提到一则"由记者导演的新闻"。在山西省吕梁山深处一个叫疙叉嘴的小山村里，乡村小学教师李健勤勤恳恳地工作了 20 多年。他挨家挨户地恳求乡亲把孩子交给他，由他来教孩子们识字念书。他坚持每天清晨到各家去接孩子上学，还在山沟里办果园，为村民组织技术夜校，使一个贫瘠的小山村人均收入有了很大的提高。面对这样一位无名的先进人物，梁衡苦于没有一个新的由头作为报道依据而无法报道。他说："采访完后，尽管我十分激动，但我还是无法写他：新闻要新，但李健在这里已风风雨雨工作了 20 年，这叫什么新闻？记者遇到了一个无由头的新闻。有心宣传，无借口。这时就要找个由头，但又实在找不见，我突然想起干脆造个由头。"于是他大胆建议当地县委书记给李健以"山区办学英雄"的表彰，以县委的表彰作为新闻由头，这一表彰让人们认识到乡村教师李健默默无闻的行为的重要价值，可以更新人们的认识。以此为由头写成的新闻稿成为几天后《光明日报》的头版头条。

（3）通过现场的描述和故事化的开头营造接近性。如获得 1975 年普利策新闻奖的《五亿人在慢慢死去》，综合报道了 1974 年横跨亚非两洲涉及五亿人口的旱灾和饥荒。报道的开头这样下笔：

> 太阳升起来了，它照耀着印度东部一个名叫辛基马利·帕朱尼波的小村庄。同一个太阳，每天也照耀着中非尼日尔一个名叫卡欧的小小的居民点。
>
> 辛基马利的一个农村灾民收容所首先破晓，6 岁的男孩萨库·巴尔曼摇摇晃晃地站了起来，跌跌撞撞地走出那间草坡小屋，在难忍的饥饿中开始了烦躁不安的一天。
>
> 6 小时以后，黎明降临在卡欧的一个撒哈拉游牧营地。那儿，一个名叫哈米达的骨瘦如柴的小女孩艰难地站了起来，也在饥饿中迎来了新的一天。
>
> 两个孩子相距 5500 英里，然后，当他们来到阳光下时，他们的影子却完全一样。
>
> 实际上，他们已经不成人形了，成了勉强会走路的骷髅；同样的天灾人祸，将使他们结束在这地球上短暂、不幸的一生。

写作消息要熟悉以上几种主要的结构，树立结构意识，做到胸有成竹，才能有的放矢、提高效率。当然，消息的结构不止以上几种，不断推陈出新是写作的规律，新闻报道同样如此。在熟练掌握主要结构之后，我们要能够不断探索、勇于创新，用新的形式，在新的媒介，表现新的内容。

思考和练习

1. "标题党"有哪些表现形式？怎样才能写好消息标题？
2. 阅读网络消息，并指出网络消息有哪些新的写作模式。
3. 将《南方周末》上的一篇新闻特稿改写成消息。

第五章　特稿写作

第一节　什么是特稿

一、特稿的由来

1979 年 12 月 12 日，《巴尔的摩太阳晚报》刊出一篇由记者乔恩·富兰克林写作的纪实报道《凯利太太的妖怪》，读起来与短篇小说非常相似，意外地得到普利策评委会的认可，被评为首届特稿奖获奖作品。美国新闻界的最高荣誉——普利策新闻奖的评委会从当年开始增设"特稿写作"奖项，特稿作为一种新型的新闻文体由此得到了承认。

20 世纪 90 年代，随着中国市场经济的发展，新闻竞争加剧，从中央媒体到地方媒体都在寻找新闻改革的道路。中央电视台的《焦点访谈》在当时产生了巨大的社会反响，深刻反映了中国社会现实的变迁。在《焦点访谈》节目中，社会大众的生活首次进入了新闻，引起了人们的广泛关注。这意味着各大主流媒体从关注伟人、名人到关注普通人，从关注社会时事到关注民计民生，让中国的新闻迎来一次革新。

特稿重视事件本身的新闻性和人物的故事性，增加新闻报道叙事的技巧、文字的感染力，并注重人文情怀的打造。在各种摸索实践中，中国的特稿写作逐渐迎来了曙光。一个特稿故事的诞生，需要记者持续无数个日夜的采访、写作。新媒体时代，新的热点层出不穷，特稿的意义在哪里？李海鹏曾说："用特稿来承载其他新闻产品不能承载的意义，才成为我们有意识的追求。"新闻特稿正是在承载其他新闻文体作品不能承载的意义上，深深影响了中国新闻业界。

美国经典新闻学教材《新闻报道与写作》是这样定义特稿的："特稿旨在

娱乐或侧重以讲故事来提供信息。"乔恩·富兰克林在《为故事而写作》中提出"特稿是一种非虚构的短故事形式"。普利策年度特稿奖的评奖标准是："除了具有独家新闻、调查性报道和现场报道的共有的获奖特质外，特稿主要是考虑高度的文学品质和原创性。"我们又把特稿称为纪实特稿，它拥有比报告文学更耐读、比新闻更文艺、比故事更精彩、比小说更丰满、比纯文学更纪实的特点。

二、特稿在中国的发展

在中国，特稿的出现得益于 20 世纪 90 年代国外新闻思想的引入和国内新闻理念变革，由此掀起的"特稿风"深刻影响了中国新闻界，中国的新闻逐步突破了宣传模式，开始出现讲故事的新闻（特稿）、有人情味的新闻（深度报道），甚至出现了被传统新闻界视为"灾难"的以第一人称写作的新闻报道。在中国的新闻界，报纸杂志化、新闻特稿化、报道深度化逐步得到大众的认可，特稿逐渐常态化。1996 年《华西都市报》成立了特稿部，《南方周末》也在这一时期对特稿进行深度探索，开启了中国式特稿的写作。

特稿不同于新闻、消息、通讯等短、平、快的特点，在内容上体现了一定的深度和广度，还能将细节描述清楚，深受大众喜爱。经过一段时间的初期探索后，多家权威报刊开设"特稿专栏"，成立"特稿部"，有了特稿记者。但那时的特稿作品从题材的选择到成稿的写作，都不成熟。题材不太丰富，基本停留在对材料的收集、堆砌，不注重对题材的选择；多是解释性报道，重点在对新闻事件的原因和背景进行挖掘，对创造性和文学性展示较少，不太注重遣词造句，对语言的要求不高。我们可以称 20 世纪 90 年代为特稿的探索期。

21 世纪前十年，特稿写作开始强调文学性、故事性，新闻事件开始有了人情味，在题材的选择上也更能体现记者独到的视角，这时的特稿开始选择一些能以小见大的新闻题材。这一时期可算中国特稿的发展期。

从 2010 年左右开始，新媒体工具的快速发展对传统纸媒产生重大影响。很多纸媒由于资金短缺、人才流失等，难以产生优秀作品。与此同时，随着互联网的飞速发展，互联网平台上逐渐聚集起一些特稿写作人才。互联网的自媒体平台由于其便捷性吸引了优秀的特稿人，发布了一些优秀的特稿作品。这一时期的特稿具有较宽的选择面，发掘出更多更具价值的题材，写作有很强的故事性、文学性，有浓浓的人情味。我们可以将这一时期视作特稿写作成熟期。

第二节 特稿的特征和类型

一、特稿的特征

特稿的核心竞争力是什么？不管是传统媒体时代还是融媒体时代，特稿都贴近生活，反映时代背景，通过丰富、生动、精彩的细节描写讲故事，运用立体化的报道手法，动之以情，晓之以理，表现了高度的文学性和创造性，深深地打动读者的心。但特稿不讲虚构的故事，它是新闻，不是小说，它永远是在真实的基础上向读者讲述新闻。普利策新闻奖评选优秀特稿的条件是："除了具有独家新闻、调查性报道和现场报道等共有的获奖特质外，特稿主要是考虑高度的文学品质和原创性。"

特稿有以下几个特征：

（一）真实性

真实性是所有新闻作品的生命。新闻作品是基于新闻事实的写作，只有真实的新闻，才具有震撼人心的力量。从平凡中发现伟大，从社会角落发现时代的变迁，真实展现社会原貌，才能让广大受众了解社会，与新闻当事人共情。要达到这个效果，就要始终把真实性放在第一位。

（二）调查性

进行深度调查是保证特稿真实性的唯一途径。只有努力深入基层、深入生活、深入群众，在一线深入调查、采访，才能获取第一手资料。只有坚持到现场，只有亲身经历，才能写出细节充实、情感真挚、说理深刻的特稿。

比如，在 2017 年纪念抗日战争全面爆发 80 周年之际，《中国档案报》文化版策划推出《抗战记忆》专栏。记者根据浙江省档案馆提供的采访线索了解到，抗日战争全面爆发后，丽水曾是浙江省抗日救亡运动的指挥中心，留存有多处抗战遗址、旧址。随后，记者赶赴丽水，在短短一周内辗转于遂昌县门阵村、云和县小顺村、丽水市莲都区莲花二村等地，先后参观了门阵国共合作抗日和谈旧址、浙江省铁工总厂遗址、丽水城保卫战遗址，走访了红军挺进师中共地下交通员的后人和两次丽水大轰炸的亲历者，拜访了中共丽水市委党校教授，搜集到大量第一手资料。正是在大量深入采访、亲身体验的基础上，记者撰写了《回望战火洗礼的岁月——发生在浙江丽水的军民抗战往事》一文，讲述丽水人民不畏日本侵略者的杀戮，奋起抵抗日寇、守护家园的故事。

只有迈开腿、俯下身，才能让新闻作品有思想、有灵魂、有温度、有深度、有力量。只有直面现实生活，深入调查，才能捕捉到有感染力的细节、生动鲜活的细节。

（三）故事性

新闻特稿不同于通常的消息、通讯等，特稿追寻文字的美，呈现复杂的真，要求在尊重事实的前提下，生动地写出事实真相。传统新闻重视六要素，而特稿强调结合新闻事件，用生动的语言讲好故事。故事是特稿的核心，特稿本身就是故事，它通过故事呈现意义。

（四）人情味

一篇好的特稿一定是有人情味的，能够引发读者共情，感染读者。要体现人情味，就需要大量的细节，让戏剧效果和情节自然展开，并且在叙事中注入强烈情感。这就要求特稿作品的结论少一点、概念少一点，事实多一点、分析多一点、细节多一点、案例多一点，这样才能吸引人、打动人、感染人。

（五）文学性

特稿写作需要强调故事性、人情味，要体现故事性、人情味，离不开生动的语言表达，这就是特稿写作的文学性。特稿以其语言的文学性吸引读者深入阅读。

（六）典型性

特稿的典型性指所写人物、事件应反映社会普遍意义。只有具备典型性的事件和人物才能引起读者兴趣，才有深入挖掘的价值。

二、融媒体时代特稿的新特征

融媒体时代媒体渠道多且全，不仅有传统的报纸、杂志、电视、广播、电影，还有网络上的短视频、音频平台及各类自媒体，甚至虚拟现实游戏等，同时调动视觉、听觉，甚至触觉、味觉等，并且可以针对受众的不同需求，以最合适的、到达率最高的渠道进行有选择的新闻投放，提供细分的服务，实现对受众的包围式覆盖，达到最佳的传播效果。在媒介深度融合的大背景下，特稿出现了一些新的特征。

（1）写作平民化。特稿写作者不再局限于记者、传媒工作者和作家等专业人员，而有了平民化的趋势，任何一个普通人都是一个潜在的特稿写作者，且各大媒体平台鼓励普通人拿起笔记录故事，写下日常生活中的冲突和矛盾。

（2）呈现方式多样化。在媒介融合趋势下，多样化的生产和传播方式正在成为主流，特稿也不例外。迅速更迭的传媒技术为特稿的生产和传播提供了多种可能，各大媒体平台可以生产更立体、更直接，互动更频繁的特稿作品。

（3）传播迅速化。得益于媒介融合的优势，一篇好的特稿作品一旦出现，就能迅速传播开来，普及面更广泛，有效传达率更高。

（4）议题公共化。随着特稿写作者的平民化，各行各业的专家都开始拿起笔，以个人的体验和感受，从自己行业出发，记录、分析社会现实、时代变迁、国际形势等公共议题。

（5）泛争议化。随着融合媒体时代的到来，各类传播渠道如雨后春笋般出现，其中的自媒体发展尤其迅速，每个人都能发表自己的观点，对事件的争议就越来越多。也不乏媒体为吸引流量而刻意制造争议、引起冲突的，面对这样的新闻，我们要有自己的思考和判断，不能人云亦云。媒体从业者应主观避免写作、传播这样的内容。

（6）篇幅缩小。在互联网时代，注意力被自媒体平台高度分化，受众的碎片化时间增多，能有效接受信息的时间缩短，出现了篇幅较小的特稿。

三、特稿的类型

特稿的内容和形式各不相同，所属栏目也不尽相同，有封面文章、本刊专题、评论员文章等，因此特稿的分类方式不一。特稿在内容上既有严肃的社会分析，又有娱乐性强的文章，既有成功人物的专访，又有寻常百姓的琐事。我们按内容将特稿分为以下几个类型：

（1）人物类特稿：以人物为核心，记录人物的故事，报道他们的生活状态、精神追求和人生际遇等，从中提炼价值意义。

（2）事件类特稿：以事件为核心，记录新闻事件的相关要素，还原事件真相，彰显新闻事件带来的社会影响和价值意义。

（3）话题类特稿：以社会问题或公众关注的话题为线索进行深度剖析，给受众以启发。

第三节　特稿的写作要求

在传统媒体时代，新闻的主要体裁是消息和通讯，侧重及时记录、传播事件全貌，并不强调深度挖掘。

而在媒体融合发展时代，信息飞速传播，人人都能成为"新闻"的作者，媒体想拥有独家新闻越来越艰难。面对快速灵活的自媒体的竞争，传统媒体将重点转向挖掘事实深度的特稿，力求对新闻事件进行故事化的叙述，深入挖掘新闻事件的前因后果、现实意义、未来发展等，满足受众更深层的需求。特稿对作者的写作功底、媒体的采访团队要求较高，一般的自媒体作者难以胜任。要写出具有竞争力的特稿，需要注意以下三点：

一、用敏锐眼力，挖掘有价值的题材

要用文字去打动人，首先要选好题材。特稿的题材要选得好，关键在于写作者要有一双善于发现的眼睛，能挖掘有传播价值的题材，能从千千万万的人物、事件、话题中发现有价值的传播点，并能从一定的角度去进行剖析。

特稿的题材来源很多，但通常都涉及社会热点、焦点和敏感点。所选择的人物或事件，通常集中反映了当前社会的矛盾、困惑、痛苦和缺失，是社会实景的缩影。

一般来说，特稿题材要能以小见大，具有鲜活的时代特征，能体现时代背景下的价值追求，体现社会意义。

特稿的题材要能以小见大，给予普通人的故事以力量，将社会焦点问题、热点问题、大问题通过小切口展现出来。同时，还要注重将故事融入时代，不能脱离时代讲故事，不能只讲没有时代背景的故事。我们在选择主题的时候要进行深入观察和思考，敏感地抓住"不平凡"之处。特稿记者需要时刻关心、关注社会的进步和发展，比如国家重大政策的出台及反响、衣食住行等民生问题，还有一些突发的重大新闻事件背后曲折动人的新闻故事、人物命运，已经发生的"旧闻"中的新发现等，都应该进入特稿记者的视野，必须用敏锐的眼光捕捉新闻事件的独特之处，找到新的角度，写出有反响的稿件。

在融媒体时代，热点、焦点事件多如牛毛，但并不都是可以作为特稿题材的。这些热点焦点事件是否真实，是否符合主流价值观，是否能带来积极的社会效益等都是我们需要面对和思考的问题。我们可以发掘身边的小人物具有特点的事件，积极主动去发现故事，也可以多关注新闻，从新闻中去寻找故事是如何产生的。

二、用铿锵脚力，完成有深度的采访

采访对于新闻的重要性不言而喻，特稿也不例外。没有采访的新闻是没有生命的，没有深度采访的特稿是苍白的。特稿采访需要下大力气，要深入事件的细枝末节，包括容易被人忽略的细节，只有深入细节才能获得最翔实的第一手资料。采访无疑会投入大量的时间和精力，同时要求足够的知识储备，采访前要阅读大量资料，撰写采访提纲，准备采访脚本；采访过程中还需要有较高的灵活性和较强的思考力，能从不同角度提问，对意外情况要能随机应变。

特稿的采访一般都是深度采访。在采访之前要做足充分准备，可以到采访对象熟悉的环境中去采访，这样有利于获得最可靠的素材。采访过程中，最关键的是观察，采访对象的语言不见得是最重要的，衣着、动作、表情同样重要，可能传递重要信息，应注意把握这些细节。但只有有助于故事讲述的细节才是有效的，有效细节是一篇特稿必不可少的组成部分。

在融合媒体时代，对记者的采访能力要求更高，因为信息传播迅速，很多信息在互联网上已经不是新鲜事。采访前，要撰写出有亮点的采访提纲，准备有价值的采访题目，需要记者有较强的思考能力和观察能力；采访后，记者还要能从采访中总结出有价值的信息。比如 2009 年普利策新闻奖特稿获奖作品《那些将孩子忘在车里的父母》（刊登于《华盛顿邮报》），为了写好这篇特稿，记者怀恩嘉顿（Gene Weingarten）做了很多细致的工作，采访了近 20 位犯过同样错误的父母，儿童行为学专家、社会学专家，去探讨父母犯这种错误的原因，以及犯下致命错误后他们如何继续生活下去，同时，从专家的观点中提炼有警示意义的重要信息：我们每个人都有可能会犯这种错误。

三、用智慧心力，成就平凡人的不平凡故事

很多人都有故事，但并不是都能被发现，能被讲出来，也不是每个故事都值得我们去讲。要想将故事讲到人的心坎上，就必须讲很多人都可能会经历但没有被讲出来的故事。要找到这种故事，特稿写作者要积极主动关注大部分普通人，尤其是具有代表性的小人物，在他们的身上挖掘出积极的、不寻常的闪光点，挖掘出属于全社会、全民族的精神和追求。比如在全红婵夺冠之后，各类媒体从不同角度进行报道，其中网易新闻 2021 年 8 月 12 日发布的特稿《从奥运健儿全红婵身上感悟中华孝道的力量》，将全红婵朴质的孝心和中华文化结合起来，挖掘时代内涵，这样的特稿就非常成功。

特稿要讲好故事，就要说理透彻，有真知灼见，言远意深。而这些是以全面、深入分析材料为基础的。记者必须尽可能全面地搜集背景资料，对事件有全面、深刻的了解。这样写出的特稿经得起读者的推敲，经得起历史的检验。在使用历史资料的时候，切不可脱离主题，要选取主题有说服力的资料。

我们在分析材料的过程中需要先思考以下几个问题：读者关注的兴趣点在哪里？哪些材料可能引起读者的兴趣？告诉了读者什么事实？事实发生的细节？如何向读者证明事件的真实性？如何让读者记住这篇报道？

我们在分析材料时可以按以下步骤进行：泛读收集到的所有材料，确定其真实性，了解事件的大体框架；将不重要或与主题无关的材料筛出来；将与主

题有关的材料按主次归类；细读有关的材料，抓住核心特点，找到独特的写作角度，提炼主旨内涵。

第四节 特稿的写作方法

一、拟定标题

好的特稿标题一定是极具吸引力的，能直接体现写作者的思想和智慧。在传统媒体时代，好的标题具有以下特点：简单、凝练、醒目，能与文章互补。读者光看标题可能不太明白文章的内容，但读完文章就能体会到标题对文章的精彩总结，加深对文章的理解。

在信息爆炸的融媒体时代，特稿标题出现了一些崭新的特点。比如出现长标题，少则十几个字，多则几十字，信息比较完整，读者一看标题就知道文章的主要内容。这是因为现代媒体环境下，人们注意力被高度分化，标题直接决定了读者是否会继续阅读。因此，不如直接在标题中告知读者主要内容。

我们在拟定标题的时候要把自己摆在读者的位置，设想读者的阅读体验。记者一般都是先写文章，再提炼标题，而读者相反，是先看标题再阅读文章。记者只有把自己摆在读者的位置上，才能拟出能吸引读者继续阅读的标题。

二、写好开头

任何一篇文章的开头都是为了留住读者，让读者对文章感兴趣。新华社高级记者、影像文化人类学者文赤桦说："特稿开篇的五六百字一定是一个充满诱惑力的鱼钩，为使鱼儿上钩，包括标题在内的开篇布局应当起到引起注意、引发好奇、激发兴趣、确立主题及设定文章基调风格五项作用。"

特稿一般会采取概括全文、设置悬念等方式开篇。

（一）概括全文法

开篇用简明扼要的语句归纳主要问题、核心问题，向读者表明作者的态度及分析的方向。这类开头常出现在关于经济发展、社会发展、科技进步等重大公共事件的特稿中。例如《经济日报》在 2021 年 8 月 25 日发布的全媒体特稿《稳地价为什么这么难》（节选）：

> 近日上海发布公告，第二次土地集中出让将延期至 9 月，成为继深圳后第二个延期的一线城市。同时，杭州、天津、青岛也宣布调整第二次集

中出让规则。

这些动向，传递了房地产调控走向。为稳地价、稳预期，今年我国22个重点城市实行土地集中出让，首轮出让已收官。各地虽冷热不均，但趋势是，热点城市土地市场依然火爆，溢价率不降反升，楼面价创新高。亟需加快完善稳地价工作机制，优化土地竞拍规则。此次集中出让刹车，便源于此。

房建于地。只有摁住地价，房价才不会信马由缰。但问题是，为什么稳地价这么难？

原因当然是多方面的。按经济学常识，供需决定价格。一些热点城市人口流入多，疫情发生后欧美主要国家实行货币宽松政策，我国面临输入型通胀压力。这些因素使市场出现一定的房价上涨预期，带动了土地市场需求。

文章开篇就用简洁明了的语言概括了的主要问题，从集中供地的现状讲到房地产调控走向，再到溢价率越来越高的原因，抽茧剥丝般地告诉读者核心问题，回答了标题提出的问题。

（二）悬念法

悬念法开头打破读者的常规思考方式，引起读者注意，在读者心里留下问号，激发读者继续往下读的兴趣。

（三）开门见山法

开篇就告诉读者核心事件，客观描述事实和事件场景。这类开头对记者的综合能力要求较高，要求记者从纷繁复杂的特稿材料中归纳出整个新闻事件中最具影响力的核心要素，且要能形成有冲击力的文字。这类开头一般出现在关于重大社会安全的消息中。例如1988年美国记者杰奎·巴纳钦斯基（Jaequi Banaszynski）撰写的特稿《艾滋病在哈特兰》（刊登于《圣保罗先驱报》）：

这绝不是个有关死亡的故事，尽管死神时刻如影随形。

迪克和伯特是在1982年一次政治聚会上认识的，而在这之前迪克很有可能已经得了艾滋病，但没有办法确定这一点，因为当时还没有病毒检查的方法。那次见面两人一见如故，还谈过艾滋病的危险，但是都认为他们值得为互相拥有对方而冒险一次。

这一试带来了真挚的感情和长达5年的同居生活。80年代的美国小镇，艾滋病和同性恋被认为是罪恶。迪克的家人几乎和他断绝了来往，指责他把事情公开，令整个家族蒙羞，只有他的姐姐，不时看望迪克，陪伴他。

文章开篇就集中展示了几个关键信息：艾滋病，美国社会对于艾滋病患者的误解和敌视，作者暗示应对艾滋病患者给予更多的理解。

（四）引入法

这类开头多出现在新媒体平台上的特稿中，一般以第一人称开头，作者以自己的视角去阐述新闻事件，向读者讲述自己与新闻事件中的人物接触的过程，多以本人的经历为主线，有个人真情实感的流露。

这类开头可以向读者介绍记者获得材料的曲折过程，以丰富人物的形象、丰富的细节强化观点的表达。

（五）导语法

用类似消息导语的开篇介绍新闻故事，吸引读者，然后再慢慢展开，将读者引入话题。例如 2006 年 12 月 4 日美国《体育画报》上的《游骑兵之死》的开头：

> "9·11"后，美国人狂热地呼唤着战争。派特·蒂尔曼，NFL 红雀队球星，舍弃 360 万美元合同，成为一名游骑兵。当他进入伊拉克，信念却越来越动摇。入伍 23 个月后，他在阿富汗被战友误杀。从入伍、迷惘到死亡，派特的经历，仿佛美国民众"9·11"后心理变化的缩影。何止美国，整个世界还未能摆脱"9·11"的阴影。本刊试图通过这样一个与体育相关的案例，探索人们在后"9·11"时代心灵的律动。

这段开头通过介绍游骑兵派特·蒂尔曼在"9·11"事件后的经历来映射美国人的心路历程，提纲挈领，引领全文，让读者想进一步了解游骑兵的详细情况。

三、充实细节

特稿是新闻，真实性是新闻的生命，细节就是特稿对事实描述，是对真实性的证明；特稿重在用细节揭示事物的本质，没有细节的特稿就没有血肉，只剩下空架子，无法打动读者；细节描写还有助于深化特稿的主题，增强特稿的思想性。

细节描写不仅可以向读者展示新闻事件的详细过程，帮助读者了解新闻事件，让读者感同身受，还可以帮助读者认识新闻事件的复杂性、深刻理解新闻事件背后的社会意义和现实意义。

例如上一节提到的《那些将孩子忘在车里的父母》通过对父母亲的细节描写让读者深刻体会他们因自己的失误而失去孩子的悲痛：

> 被告是一个超过 130 公斤的巨大男子，但他身上的悲哀和耻辱比他还要重。在勉强塞进去的扶手椅里面，他弓着背在一张接一张的纸巾中抽泣。他的妻子坐在观众席的第一排，煎熬着心不在焉地扭动着结婚戒指。房间就跟坟墓一样。证人们正在轻声描述，但事件中蕴含的巨大悲痛让他们失去了冷静。医院的急诊室护士介绍完警方第一次带被告来时的样子后，忍不住哭了起来。她记得那时他非常紧张，眼睛紧闭，身体摇晃着，能感觉到他在承受内心深不可测的折磨。他很长时间内都没有说话，直到护士坐到旁边握着他的手。这时他说：他不希望恢复平静，他不值得从痛苦中获得喘息，他想感受这一切，然后死去。

又如《生于"5·12"——四个地震遗腹子》中的细节描写：

> 在梦里，张建清可以回到地震前，回到 2008 年那片没有收割的油菜地，她的老公席刚还欠她一个承诺，他说干完 5 月 12 日那天的活，就回家收油菜的。又一个 5 月到来，现在已是 2009 年的初夏，北川山下那些大片的油菜由绿色变成黄色，在风中来回摇摆。在新的四季轮回中，生命继续生长。

丈夫承诺要回家收割油菜，但从那天起就再没回来。如今妻子肚子里的遗腹子已经出生，北川山下的"油菜"变成生命轮回延续的意象。

细节正是特稿不同于消息和通讯的打动人心的地方，那么特稿写作是如何表现细节的呢？首先，细节的选择上，特稿的细节描写是为主题服务的，用来深刻揭示人物的性格特征，细致形象地反映新闻事件的特点，增强报道的现场感。其次，细节描写有层次地递进，反复加深印象，就像剥洋葱头一样，让真相在这层层递进中凸显出来。再者，细节必须是准确的，真实性是新闻的生命，任何一个不准确的细节都可能影响到整篇特稿的可信度。最后，细节是冷静、客观的，作者的感情一般隐藏在细节之后，而不直接表达出来，这也称为"藏舌头"的方法，记者通过细节巧妙地表达自己的态度和观点，让细节说话。

四、组织结构

不同类型的特稿的结构是不一样的，优秀的特稿离不开合适的结构。合适的结构让文章中的材料自然衔接，浑然一体。常见的特稿结构有时间顺序式、因果递进式、组合式三种。

（一）时间顺序式

时间顺序式结构一般先将事件的结果在报道开篇讲出来，然后再寻求与事件相关的原因、背景等信息，按时间顺序组织材料。如加里·史密斯在《游骑兵之死》开篇用拉塞尔·贝尔的口吻来叙述儿子对父亲疑问的担心来告诉读者派特已经死去，这是结果；然后故事从拉塞尔和派特的第一次见面开始，按时间顺序依次写了派特通过地狱般的考核进入游骑兵队伍，不断挑战自己，在战争中接受考验，最后派特在阿富汗被战友误杀。又如《南方人物周刊》2021年8月13日特稿《从中牟到卫辉，水上救援72小时》，通过递进式结构，讲述了河南省受持续暴雨天气影响出现洪灾，人民群众受困，一支火箭军部队在河南实施救援的72小时，最后，人民群众得到妥善安顿。

（二）因果递进式

因果递进式结构通过分析事件的前因后果，透过现象深入本质，提出问题、分析问题、解决问题揭示事件的内在因果关系，从而凸显报道的意义。报道并非单纯讲故事，也不是纯粹分析道理，而是在故事的推进中纵深展开，层层深入地揭示报道的内涵，分析事件背后的深刻道理。所谓递进，也就是提出问题、分析问题和解决问题。

（三）组合式

组合式结构常见于人物类特稿和事件类特稿，话题类特稿较少使用这种结构。并且组合式结构特稿多是多系列作品。

五、收好结尾

结尾是报道的最后一环，好的结尾可以起到画龙点睛的作用。美国著名记者杰克·海敦说："特稿作者有两大难题：开头和结尾。开头必须引人入胜，结尾必须技巧高超，使读者有旅程完结之感。"结尾要与主题和开头相呼应，形成完整的结构，同时，让读者明白写作意图和主旨。以下是几种常见的特稿结尾方式：

（一）悬念式

悬念式结尾没有明确告诉读者故事的结果和人物的未来，而是基于事实启发读者自行思考，是开放式的。如美国记者凯瑟琳·舒尔茨（Kathrgn Schulz）于 2016 年 4 月 21 日发表在《纽约客》上的普利策新闻奖获奖作品《超级大地震》：

> 多尔蒂在 2009 年时告诉我，他发现在洪灾区以外有一些正在出售的土地，打算要修建从幼儿园到 12 年级的校园。4 年后，为了支付 1.28 亿美元账单，该地区发行了债券。多尔蒂试图向俄勒冈州的国会代表寻求帮助却一无所获。俄勒冈州在抗震升级上花费不菲，但各种措施均不适用于洪灾区的建筑。目前，多尔蒂能做的就是让他的学生了解逃生路线。
>
> 然而，这并非对所有学生都有用。在吉尔哈特（Gearhart）社区的一间小学，学生将逃无可逃。"他们不可能从那间学校逃走，"多尔蒂说，"他们无处可去。"学校的一边是大海，另一边是宽阔的沼泽地。海啸来时，吉尔哈特唯一可去的地方就是学校后面的小山坡。山顶高出海平面 45 英尺——低于整体断裂时的海浪高度。目前，通往山坡的路上有标识写着："临时海啸集合地点"。我向多尔蒂问起州内的长远计划，"没有长远计划"，他说。
>
> 多尔蒂的办公室位于洪灾区的深处，距离海滩有数个街区远。每一天，在他看不见的地方，海浪卷起，消散，化作泡沫，冲上海滩。80 英里（约 128 千米）外，大海 1 万英尺（3028 米）深处，地质时钟的指针缓慢但一刻不停地滑动。而地震学家都拿起了他们的手表，在地质时间赶上人类的时间之前，他们还剩多少时间？他们还有什么可做？

（二）呼应式

呼应式结尾是让读者对报道有一个完整的概念，形成自己的思考。

（三）拓展式

拓展式结尾指记者对报道的整体情况进行言简意赅的说明，再向读者提出值得进一步深思的话题，让报道的主题得到升华，让读者的视野得到扩大，从而深化报道的思想性。

（四）展望式

展望式结尾预测事件未来的发展方向和人物未来的命运。如 2006 年 6 月 29 日记者李柯勇、周伟、张涛发表在新华网上的特稿《建党 85 周年特稿：五个案例见证党的反腐之路》：

　　然而，反腐倡廉的实践反复证明，如果只注重惩治而忽视预防，腐败现象就会查不胜查。2003年，胡锦涛同志在中央纪委第二次全会上明确指出，要"坚持标本兼治、综合治理的方针，在继续下大气力惩处腐败的同时，加强教育，发展民主，健全法制，强化监督，创新体制，把反腐倡廉寓于各项重要政策措施之中，从源头上预防和解决腐败问题"。目前，反腐倡廉工作已进入标本兼治阶段。

　　2005年初，历经13年的砥砺，《中国共产党党内监督条例（试行）》颁布实施。这是中国共产党历史上一部十分重要的党内法规，标志着党内监督从此进入规范化、制度化的新阶段。而在经济领域，党注重发挥市场在资源配置中的基础性作用，深入推进干部人事制度、司法体制、行政审批制度和财政、投资、金融等多项改革，建立健全防治商业贿赂等违法犯罪行为的有效机制。

　　随着这些措施的实行，腐败现象易发多发的势头可望逐步降下来。中国共产党85年的历史始终传递着这样一个坚定的理念：中国共产党决不容许腐败分子有藏身之地，反腐斗争任重道远，必须警钟长鸣！

第五节　人物类特稿的写作分析

　　人物类特稿大多都有一定的叙事结构和故事化情节，也有接地气、人性化、细腻的情感表达。这类特稿以人物为核心，通过文字记录特殊的、具有代表性的人物故事。人物类特稿有以下几个写作要点：

　　（一）描写人物对话

　　在人物类特稿中，为了突出主题，对话是必不可少的。对话可以反映人物的内心想法，让人物形象更加丰满，能够体现作者想要表现的主题。

　　如2021年7月26日发表在《南方人物周刊》上的人物特稿《别借鉴我了，做自己吧——对话刘雯》，几乎全篇都是记者与刘雯的对话。通过对话，读者了解到一个真实、勇敢、有理想、坚定地做自己的刘雯，刘雯的形象跃然纸上：

　　　　我们通常会认为模特是一个对年龄要求很高的职业。你会焦虑吗？
　　　　模特确实有年龄上的焦虑，因为体力跟不上。年轻的时候熬夜不用还回去，但现在熬个夜，第二天脸就是肿的，面色不好，以前我一天可以走

六场秀，可以减少自己吃饭、喝水、上洗手间的时间，现在长时间不吃饭就会累、会昏倒。穿高跟鞋也要靠力气去走，以前觉得能扛下来，但是现在年纪大了，真的会有影响。

我不是说自己老，只是说有些东西要去平衡，有舍有得。好的工作方式会让事情事半功倍，坏的工作方式，全是负能量，做了还不如不做，所以会用一种好的状态去迎接一个事情。不是说我老了、要离开 T 台，而是因为我觉得应该用更好的工作状态走完 T 台，再用这样的工作状态去做别的事。

你觉得什么衣服是你不适合穿的？

过于裸露？我会觉得不自然，过于性感美丽的。我是一个喜欢做减法的女生，很多时候情况越简单越好。很多人说模特披个麻袋就好看，我觉得不是，我们真的是衣架子，这点毋庸置疑，确实得有个身形在。但也是要靠搭配的，过一会拍照你就看到了，不可能 100 张照片都有好看的。

再如 2020 年 2 月 29 日发表在《中国青年报》上的特稿《一家八口感染之后》，其中有这样一段人物的对话：

"别人舍命来帮你，真的很感动。"魏贝贝说得诚恳，"我要是出院了，也要帮助需要帮助的人。"魏贝贝转去一些钱表达感谢，但二人不收。"收了就变味了。"汤蒙说。

这篇特稿讲述的是魏贝贝一家在新冠肺炎疫情中的经历。她和她的家人共 8 人都感染了新冠肺炎，分散在武汉 6 家医院，其中还包括一个仅 11 个月大的宝宝。宝宝没有家人照顾，所幸后来遇到两位志愿者施以援手。两段对话将魏贝贝的感激之情表现得淋漓尽致。同样的话从采访对象本人口中说出来，更有打动人的力量，让读者觉得更真实、更诚恳。

（二）通过细节描写反映人物的性格

特稿写作应避免对人物性格的直接评述，可以采用对比、象征、比喻等文学化的手法，丰富人物的内心情感，塑造真实的人物形象，让读者通过阅读感受到人物的性格。

（三）通过类比突出人物形象

人物类特稿的中心是人，人的特点都是复杂的，要提炼与主题相符的人物性格，需要记者做大量的工作。提炼出具有新闻价值的人物形象之后，可以通过类比的手法突出相关人物形象。

例如一篇网络推文《章子怡的婚姻，揭破一个残酷真相》里面就有人物类比，文章用韩国偶像李孝利和章子怡进行了类比。这样的类比，表达出女性对婚姻的独立自主态度和为此所做出的努力。

> 先说汪峰写给章子怡的那封信吧。
>
> 那封信很长，被谢娜调侃有一本书那么厚，每段开头都用了一个固定句式：你们熟悉却不太了解的子怡。
>
> 这句话的另一层意思是，汪峰了解章子怡，看得穿她那强大气场中藏着一个小姑娘，也心疼她敬业背后的伤痛和不易，或许还有更多不为人知的令他倾心的东西。
>
> ……
>
> 当然，汪峰也不是无名小卒。
>
> 他在音乐方面的才华造诣非凡，本身也不容小觑。地位虽比不过妻子，但也没有差得太离谱。
>
> 韩国女星李孝利就不太一样了。
>
> 作为韩国顶级偶像的他，最终选择却是一个不帅、不有名，也不有钱的男人李尚顺。
>
> 当年消息传出，一大片吃瓜群众表示震惊，甚至将此二人的结合称为"美女与野兽"。

（四）要有曲折的情节描写

读者都希望看到平常看不到的故事，人物类特稿要能挖掘普通人身上不普通的元素、特殊的传奇故事，展示主人公曲折、动人的人生经历；或者展示名人、明星等的普通元素，找到其中打动人的情节。如 2020 年 4 月 13 日发表在《南方周末》上的人物特稿《医检人梁耀铭：疫情大考下的家国担当》，主要介绍了普通人梁耀铭身上展现出的家国情怀，通过曲折的情节，让读者去理解疫情初期普通医检人员不寻常的努力和奉献。

> 春节前夕，作为疫情风暴中心的武汉，疑似患者在医院排着长队等待核酸检测。
>
> "一测难求"问题出在检测环节。在 2020 年 1 月 16 日以前，病毒检

测样本需要送往北京指定检测机构，3～5天才能出结果。此后，湖北地区有了试剂盒，但当地医疗卫生机构的检测力量仍远远不够。

梁耀铭看在眼里，急在心里。他打电话给武汉金域总经理李根石："你要先回武汉实验室准备一下了。"

1月26日，大年初二，凌晨3点多，辗转难眠的梁耀铭给广州市卫健部门有关负责人发微信请战。一早醒来后，他让下属草拟了请战书。

这一天，李根石独自驱车9小时，从广东奔赴武汉。隔天，金域医学各地实验室五十多名员工从四面八方飞往广州，备战疫情。

1月27日，湖北省卫健委将武汉金域纳入新冠病毒检测服务机构。当天，官方信息称武汉发热门诊就诊人数高峰时超过1.5万人。而直到1月30日，湖北单日的核酸检测能力仅为4000份。

梁耀铭决定调用集团的力量，不惜代价支援重灾区。1月29日，中南大区总经理李慧源带着实验室骨干、IT人员及检测试剂和防护用品等直奔武汉。从2020年1月31日起，武汉金域三班倒、机器全开，单日检测能力从1000多份，逐渐提高到1万份。

第六节　事件类、话题类特稿的写作分析

事件类特稿以新闻事件为核心，还原事件，彰显其价值意义。话题类特稿以公众关注的社会问题为线索，进行深度剖析，给受众以启发。

要写好事件类和话题类特稿，需要作者掌握事件发生的前因后果，生动详细地描述事件；关心社会发展，了解新动向、新问题、新矛盾，并形成自己的思考。

（一）让故事生动，让细节精彩

事件类特稿重点在事件，但跟消息对比起来时效性没有那么强，更强调事件叙述的完整性和分析的深刻性，突出其中的冲突和矛盾。

事件类特稿对细节的刻画有助于读者了解事件全貌，尤其是对事件中的关键场面，描写得越生动越形象，越能让读者感同身受、如临其境。

（二）让主题升华，深挖哲学意义

话题类特稿要透过现象看本质，用善于发现的眼光对纷繁复杂的现象进行分析，去粗取精、去伪存真，由此及彼、由表及里，深入实际，了解话题的核心冲突，抓住矛盾的本质，从特殊问题中发现普遍意义。

如2020年2月29日新华社记者华迪、乔继红发表在新华网上的特稿

《2020，中国脱贫故事赢得世界赞叹》。文章讲述的是在 2020 年底占世界五分之一人口的中国按期完成脱贫攻坚目标，中国境内的贫困人口全部脱贫摘帽，消除绝对贫困这一重要的时代议题。以下是内容节选：

> 至此，中国现行标准下农村贫困人口全部脱贫，消除了绝对贫困和区域性整体贫困。这个全球最大的发展中国家，创造了人类减贫史上的奇迹：改革开放 40 多年来，7.5 亿人成功脱贫，对世界减贫贡献率超过 70％，提前 10 年实现联合国 2030 年可持续发展议程减贫目标。
>
> 惟其艰难，才更显勇毅。惟其笃行，才弥足珍贵。堪为世界之最的减贫速度和减贫数量，讲述的是一个为全球减贫事业注入强大信心的励志故事。国际劳工组织总干事盖伊·赖德说，在完成联合国千年发展目标中的减贫目标方面，"大部分进展都归功于中国"。
>
> "中国是向世界展示如何消除贫困的第一个发展中国家，这是历史性的成就""中国为其他发展中国家带来了希望，树立了榜样""中国是全球减贫事业的最大贡献者"……许多国家政要、专家和媒体，毫不吝惜对中国脱贫攻坚重大胜利的赞美。
>
> 从贫困大国到全面建成小康社会的伟大进程中，中国采取了诸多具有原创性、独特性的重大举措，组织实施了人类历史上规模最大、力度最强的脱贫攻坚战。中国减贫的重大胜利，源自"脱真贫，真脱贫"的广阔实践，也为全世界解决发展和贫困难题提供了行之有效的"中国样板"。
>
> "因地制宜、精准发力"——这是联合国开发计划署对中国脱贫方案亮点的提炼和总结。
>
> 在中国贵州省惠水县，许多贫困户通过种植佛手瓜摆脱了贫困，这让大洋彼岸世代种植这个不起眼"配角作物"的瓜农感到新奇与惊叹。科学规划、民主决策、集中资源、重点突破……惠水县面向拉美 16 国的直播"扶贫会议"，让拉美国家政党领导人真切看到了中国扶贫成就背后的智慧与经验。
>
> "只有执政党拥有强有力的执政力和出台有利于人民的政策，才能实现有效脱贫"，这是美洲基督教民主组织主席胡安·卡洛斯·拉托雷观看完"扶贫会议"直播后的感慨。

整篇文章洋溢着对祖国的热爱，充满了对中国特色社会主义新时代取得的伟大成就的充分肯定，弘扬了战无不胜的中国力量和坚定的中国精神，赞美了

中国共产党和中国人民为世界脱贫减贫贡献的中国智慧和中国方案。

再如 2007 年 12 月 20 日发表在《南方周末》上的长篇特稿《系统》，文章以吕洋参与游戏、迷恋游戏，最后退出游戏为主线，深刻挖掘了《征途》这款游戏利用人性弱点奴役人的本质：

> 白天，27 岁的吕洋是成都一家医院的 B 超检查师。
>
> 晚上，她是一个国王，"楚国"的国王——玩家们更乐意按游戏里的名字尊称她为"女王"。在这个虚拟王国中，"女王"管理着数千臣民，他们都是她忠诚的战士。
>
> 在一款名叫《征途》的网络游戏中冲杀了半年多之后，吕洋自信看清了这样一个道理：尽管这款游戏自我标榜以古代侠客传统为背景，实际上钱才是在这个虚拟世界中行走江湖最关键的因素。
>
> 吕洋受过良好的专业教育，丈夫是生意人，资产殷实。钱对她来说从来不是问题，但她仍然忿忿不平地把这款游戏中一些风头正健的人称为"人民币玩家"。虽然在游戏中投入了数万元，但她仍然屡战屡败，原因就在于有人比她更愿意花钱，也花了多得多的钱。
>
> 正如《征途》的创造者史玉柱所言，这的确是一款适合有钱人的游戏。在这个世界里，欺凌他人的威力和合法的伤害权都标价出售。
>
> 尽管一切都是虚拟的，吕洋却曾经坚信她找到了一条通向光荣与梦想的金光大道。不过随着人民币的不断加速投入，和很多人一样，吕洋发现，金钱铸就的，其实是通往奴役之路。

思考和练习

1. 特稿有哪些特点？
2. 特稿的开篇和结尾需要注意什么？
3. 为什么我们写作特稿时要注意细节，请举例说明。
4. 结合你喜欢的一篇特稿，谈谈如何进行特稿写作。

第六章　融媒体深度报道

第一节　何谓深度报道

一、深度报道的内涵

深度报道是以深刻和全面作为宗旨的一种报道形式，它能完整反映重要新闻事件和社会问题，追踪其来龙去脉，揭示其实质意义或预测其发展前景。相对于消息，深度报道可以说是消息基础上的拓展深化，与传统新闻体裁通讯类似。

深度报道之"深"体现在它"以今日的事态核对昨日的背景，从而说出明日的意义来"。也就是说，它不停留在事件的表层，而是要透过客观事实，通过调查，去梳理和分析其原因，从而揭示其内涵和意义。深度报道可以说是"新闻背后的新闻"。

学界就深度报道究竟是一种新闻体裁还是一种报道方式一直存有争议，因此对深度报道的划分也有不同。有学者将深度报道划分为单篇型深度报道和集合型深度报道两类。单篇型深度报道包括分析性新闻、解释性新闻、调查性新闻等；集合型深度报道包括连续报道、系列报道、组合报道等。也有学者认为深度报道还有广义和狭义之分。广义的深度报道既追踪新闻事件的来龙去脉，也深究其原因；狭义的深度报道以分析原因为主。

二、深度报道的特征

（一）采访的深入性

深度报道的深度取决于采访所达到的深度。为撰写深度报道，记者的采访应比撰写一般报道更全面、更深入。如果在采访上浅尝辄止，就不可能在写作上有深度。

进行深入的采访，最重要的是到现场。如今各种通信手段为记者提供了捕捉新鲜事物、联系各方信源的多种快捷有效的途径，但记者进入现场进行采访仍然不可取代。因为在网络时代，大量的信息远远超出了人们的经验范畴，碎片化的信息也常常使人们感到更加困惑，这就需要记者亲临事件发生地，全面地调查并提供合理的解释。

深入采访，目的是清楚地了解事情的来龙去脉、核心本质、因果联系、细枝末节，为深度报道的写作奠定坚实的基础，从而满足受众了解真相、知晓原因的需求。

（二）思想的深刻性

深度报道不是各方观点的简单罗列，而是包含价值判断。有些新闻事件扑朔迷离，这时首先需要客观呈现。当客观呈现能够形成一个完整的逻辑链条时，就需要进行剪裁，把最核心和最重要的部分提炼出来。最困难的不是说出真相，而是说出全部真相。"全部"有两层含义：一是整体，对问题全局的把握；二是深刻，进入本质，不流于表面。从真相到全部真相需要付出极大努力和极高代价。

做深度报道的记者要能比普通受众和其他记者站得更高，看得更深、更远，经独立思考得出真知灼见。当然，这样的真知灼见也包括通过采访得到的广大受众尚未想到的观点和妙思。

（三）视野的宏阔性

如果只在一个小切口上掘进，报道也可以写出深度，但很难说这就是深度报道。在深度报道中，思想的深刻性总是与视野的宏阔性紧密相连的。深度报道是点与面、深与广的有机结合，如果仅有点而不及面，只有深度而无广度，就不能算是成功的深度报道。

新华社记者赵承等采写的《在历史灾难中实现历史进步——2010年中国自然灾害警示录》，就体现了极为宏阔的视野。记者们通过列举2010年中国的自然灾害向人们提出警示，并对古今中外的自然灾害进行了考察。有对当年全球自然灾害警示图的回顾，列出该年度各国的干旱、洪涝、地震、台风等一系列重大自然灾害。此外还有历史回望，从大禹、张衡，到李冰父子、刘彝等人的事迹，总结出中华民族在与自然灾害的无数次斗争中体现的中华民族智慧和英雄人物事迹。全篇既有横向比较，又有纵向考察，视野开阔。

多采访相关领域专家和权威人士，并且恰到好处地直接引用他们的原话，是体现深度报道宏阔视野的一种重要方法。还以上述报道为例，记者采访了中国人民大学教授郑功成、国家减灾委专家委员会副主任史培军、中国科学院－清华大学国情研究中心主任胡鞍钢、国家气候中心气候变化室主任刘洪滨等，此外还采访了若干基层干部和村民。有必要注意的是，不是所有采访对象的话都适合直接引用，引用时要注意筛选、处理，同时要不妨碍行文自然、流畅。

（四）背景的厚重性

背景材料是报道深度的重要支撑。消息也会使用背景材料，但使用原则是"当用则用，可无则无"，往往只是点到为止，文字简洁，或为解释说明，或为烘托对比。

在深度报道中，需要用大量背景材料及其分析和解读。在某种程度上甚至可以说，没有厚重的背景材料做支撑，就没有深度报道。

前面章节多次提到的《火车首次跨越"世界屋脊"》中，就多次穿插背景材料：美国现代旅行家保罗·泰鲁曾经有过"有昆仑山脉在，铁路就到不了拉萨"的断言；此前世界上海拔最高的铁路是秘鲁利马至万卡约的高原铁路；1300 多年前，文成公主和亲，从现在的西安到拉萨，走了近 3 年，今天，从北京到拉萨仅需 48 小时。这些素材作为背景起到了使报道更具深度的作用。

（五）表现的丰富性

为了发人深省、通俗易懂与生动感人，深度报道在表现形式上多种多样，不拘一格，此即深度报道表现的丰富性。深度报道表现的丰富性主要有三：一是文体以通讯为主，佐之以特写、专访、评论，而图片因其对信息传播的特殊作用也常不可或缺；二是报道方式既可以是单篇，也可以根据需要，采用连续报道、追踪报道、系列报道、组合报道等单元化的形式；三是叙事艺术空间开阔，较有弹性，可直可曲，可粗可细，但要符合内容与表达目的的需要，不要故弄玄虚，华而不实。

（六）目标的主流化

所谓主流化，是指在一个时期内产生了重要影响，代表发展方向，对文化建设起促进作用。目标的主流化，指的是深度报道将服务对象、传播目标、消费目标指向社会主流，即追求公共利益，讲求社会效益，着力发挥媒体的社会影响力。考量深度报道的社会影响力，不能单看受众的数量，还要看受众的质量、结构与特点。从总体看，深度报道的目标读者群体关心国家大事与人类命运，社会责任意识比较突出，以有一定文化程度的阶层为主。

第二节 深度报道的类型

结合上一节对深度报道内涵和特征的分析，我们将深度报道分为解释性报道、分析性报道、调查性报道和复合型报道四大类。

一、解释性报道

解释性报道通过充分挖掘和运用背景材料来解释新闻事实，阐明其影响，判明其发展趋势，揭示其社会意义，帮助人们认识复杂的世界，避免仅从表象孤立、片面地认识事件。解释性报道强调事实与观点分开，重点依靠背景资料和专业观点来解释新闻事件。按美国新闻学者麦尔文·曼切尔的说法，解释性报道旨在"阐明和解释"，因为人们并不会仅仅满足于知道发生了什么，他们还想知道这些事为什么发生，它们意味着什么，结果又是什么。按解释方式的不同，可以将解释性报道分为背景式解释报道与述评式解释报道，前者通过提供背景资料完成解释，后者通过理性分析和思辨完成解释。

（一）背景式解释报道

1. 背景式解释报道的特点

所谓"背景式解释报道"，是指其"解释"主要靠背景资料来完成。它的特点是以解释新闻事实为目的，而不是以传递消息为目的。这一点是背景式解释性新闻与消息最为根本的区别，也是其价值所在。背景式解释报道正是因为能道出新闻事件发生的原因，为读者提供"新闻背后的新闻"，所以一直大受欢迎。

在新闻六要素的处理上，它侧重于"为何"（WHY）这一要素。通常，新闻报道最突出的要素是"何事"（WHAT），其他要素往往处于从属地位，在一些快讯、简讯中"为何"甚至可以省略。而背景式解释报道抓住"为何"这一要素做详尽透彻的解说，从更深更广的范围去解释事件发生的背景与条件，让读者不仅知其然，还知其所以然。

这种报道需要大量的有关背景资料，其解释是靠提供新闻背景、内幕资料来实现的，很多新闻学家甚至直截了当地在解释与新闻背景之间画上了等号。他们认为，解释，就是提供新闻的背景知识，就是新闻报道的深入化。和一般的新闻比较，背景式解释报道在使用背景资料时侧重点不同，容量不同。

一般新闻报道中的背景资料侧重于补充和说明，而背景式解释报道中的背景资料则占最重要部分。解释性报道中的背景资料数量多、容量大，远非一般新闻报道所能比拟。一般新闻报道为了防止喧宾夺主，往往尽可能地限制背景资料，而背景式解释报道往往以恰当地运用背景资料见长，背景资料在整个报道中具有举足轻重的作用。

2. 背景式解释报道的写作

（1）遵循新闻报道"用事实说话"的原则，用背景材料来解释新闻事实。背景式解释报道的写作关键在于掌握好解释的技巧，而解释的技巧关键则是如何用事实说话，特别要注意不能用发议论来代替解释。比如下面这句话就是明显的议论："目光短浅的市政厅拒绝在瓦茵街和培佑街安装路灯，致使五人丧失生命。"这句话中含有主观判断，所以不是用事实说话的"解释"。若是用事实说话，应先写五人死于车祸的事实，然后引用某个交通警察的话，说应在十字路口安装路灯，甚至可以引用某官员的话，指出他曾提议在该路安装路灯，但是遭到拒绝；为了公正起见，还应该弄清楚是谁、为什么拒绝安装路灯。

在背景式解释报道中，即使出现议论，也不能脱离背景。只凭主观猜测而下判断、发议论，这样的解释是极不可靠的。

（2）扩大视野，广泛搜集背景资料。单一的新闻事件与广泛的社会现实存在着千丝万缕的联系，如果把新闻事件同社会现实联系起来考察，便可以清楚地看到新闻事件所具有的特殊意义，这是一种横向的联系。同时，新闻事件是"果"，有果必有因，包括直接原因、间接原因，表层原因、深层原因。背景式解释报道要清楚地解释原因就少不了从多方面去挖掘这种纵向的联系。随着认识水平的提高，人们越来越多地意识到世界上的万事万物是互相影响、互相制约的。以一个更大的背景为参照，人们对新闻事实的认识就会更加接近本质。

（二）述评式解释报道

述评式解释报道与背景式解释报道的写作重心都在于对原因做出解释，但解释的方式却不尽相同。背景式解释报道重视用事实本身来揭示意义，而述评式解释报道则较多地依赖议论来完成解释，思辨色彩比较浓。

1. 述评式解释报道的特点

（1）从内容上看，述评式解释报道大都表现出浓郁的思辨色彩。如《人民日报》1987年10月6日发表的文章《中国改革的历史方位——时代的挑战与中青年理论工作者的思考》，精心选择和集纳了一批中青年理论工作者的新思想、新观点，回答了社会关注的系列热点和难点问题，特别是对具有中国特色的改革路径做了深入的阐释。其理论思辨色彩给人留下深刻印象，以至于有学者称之为新时期新闻史上难得的一篇优秀政论，标志着新时期的深度报道在反映历史上有了更加广阔的纵深感，使深度报道的水准得到了极大的提升。

（2）从题材上看，述评式解释报道关注国计民生等大题材，视野开阔。如《大兴安岭的警告》，从人、自然、社会三者的关系来认识问题，其广度与深度已远远超出了关于一场大火的报道，表明了作者以天下为己任的意愿与胆识。

（3）从表述上来看，述评式解释报道理性和热情并存，述评式解释报道融叙事与议论于一炉，为新生事物鼓与呼，对社会问题充满忧虑，对社会弊端勇于批判。《光明日报》1986年6月17日刊登的记者樊云芳等人写的《一个工程师出走的反思》，是刻意远离主观评说之作，记者在新闻中并不充当"法官"和"教育者"的角色，而是提供全面、翔实的事实，让读者去思考去判断，但仍有理性、深刻又充满热情的议论，激发广大读者思考现实，总结经验，具有将艰巨而光明的改革事业推向前的激情。

2. 述评式解释报道的写作

（1）述评式解释报道集报道与评论于一体。述评式解释报道往往以事实入题，再通过对事实的评论来展开报道，并且其评论偏向于对事实意义的阐述。述评式解释报道的事实往往表象已为人们所知，但意义尚待发掘。述评式解释报道就由实入虚，对事实的意义做出评论。在消息写作中，有一类述评性消息，也是集报道与评论为一身且以评论为主的。述评式解释报道可以说是继承了这一传统，在述评深度上做文章。

（2）解释主要靠议论完成，但议论必须建立在事实的基础上。理性思辨作为新闻的一种"批判的武器"，任何时候都不能代替新闻事实这种"武器的批判"。那种"事实不够，议论来凑"的新闻作品，其思辨是贫乏和苍白的。好的述评式解释报道以议论见深度，但议论一定是建立在事实基础上的。

（3）评论要多用权威意见，减少主观色彩。述评式解释报道不可避免地会带有记者的主观色彩。但新闻报道中记者主观色彩过浓，就会影响到报道的客观性。事实上，面对复杂的新闻事实与社会现象，记者个人的思辨能力毕竟是有限的，所以在报道实践中就应多用各方权威意见以避免偏颇。

新华社2018年4月23日发布的《打造高质量发展样板之城》就是述评式解释报道的范本：

打造高质量发展样板之城

——解读《河北雄安新区规划纲要》之三（节选）

30多年前，中国南方，深圳这座城市的崛起，成为开启改革开放征程、奋力赶超世界的中国速度象征。

进入新时代，中国北方，雄安这座新的城市正呼之欲出，将成为进一步深化改革开放、推动中国迈向高质量发展的标杆之城。

随着《河北雄安新区规划纲要》正式公布，一个高质量发展的全国城市样板蓝图跃然呈现，一个现代化经济体系的新引擎即将启动。

创新为魂：高质量发展的第一动力

3月底，中国移动完成雄安新区首次5G－V2X自动远程驾驶启动及行驶测试，实现了通过5G网络远程控制20公里以外的车辆完成启动加速、减速、转向等操作，网络时延保持在6毫秒以内，仅为4G的十分之一。

这是雄安在信息化和智慧城市融合发展方面的成功尝试。随着更多创新型企业选择这里，一座"创新之城"初露端倪。

雄安规划纲要指出，创造"雄安质量"，有利于推动雄安新区实现更高水平、更有效率、更加公平、更可持续发展，打造贯彻落实新发展理念的创新发展示范区，成为新时代高质量发展的全国样板。

雄安质量，将朝着"创新驱动发展引领区"的目标，为新时代的中国写下浓墨重彩的一笔。

······

协调为核：高质量发展的内生特点

集中承接北京非首都功能疏解，为解决"大城市病"探索中国方案——这是雄安新区的使命，也是初心。

雄安规划纲要明确了承接北京非首都功能疏解的主要方向：

——在高等学校和科研机构方面，重点承接著名高校在新区设立分校、分院、研究生院等，承接国家重点实验室、工程研究中心等国家级科研院所、创新平台、创新中心。

——在医疗健康机构方面，重点承接高端医疗机构在雄安新区设立分院和研究中心，加强与国内知名医学研究机构合作。

——在金融机构方面，承接银行、保险、证券等金融机构总部及分支机构，鼓励金融骨干企业、分支机构开展金融创新业务。

······

绿色为形：高质量发展的普遍形态

······

雄安规划纲要指出，合理确定新区建设规模，完善生态功能，统筹绿色廊道和景观建设，构建蓝绿交织、清新明亮、水城共融、多组团集约紧凑发展的生态城市布局，创造优良人居环境，实现人与自然和谐共生，建设天蓝、地绿、水秀美丽家园。

按照雄安规划纲要，将淀水林田草作为一个生命共同体进行统一保护、统一修复。通过植树造林、退耕还淀、水系疏浚等生态修复治理，强化对白洋淀湖泊湿地、林地以及其他生态空间的保护，确保新区生态系统完整，蓝绿空间占比稳定在70％。

......

改革开放：塑造高质量发展的必由之路

作为打造京津冀世界级城市群的重要一环，雄安新区从一开始设立，就被赋予开放发展先行区的历史使命。

中国经济迈入高质量发展阶段，必须主动顺应经济全球化潮流，在更大范围、更宽领域、更深层次上提高开放型经济水平，打造改革开放新高地。在这方面，雄安新区被给予更大的期许。

能否不走"土地财政"的老路？能否留得住高精尖人才？能否在产业发展和生态保护中找到平衡？能否摆脱"大城市病"？能否建成现代化的产业体系和治理体系？一系列困扰中国中长期发展的难题，人们都希望在这里找到答案。

雄安规划纲要明确指出，打造体制机制新高地和京津冀协同创新重要平台，建设现代化经济体系。雄安新区加快改革开放的具体政策正在研究中。

雄安规划纲要中，也提出诸多改革开放的新举措：

——深化行政体制改革。新区管理机构工作人员实行聘任制，优化干部培养选拔机制；按照河北省授权，新区行使有关行政审批权限和管理权限，推进行政审批制度改革，全面实行负面清单管理。

——深化财税金融改革。对符合税制改革和新区发展方向的税收政策，在现行税收制度框架内支持在新区优先实施，对需要先行先试的可依法依规优先试点。

——创新人才人口管理。探索实行有利于激发新区创新活力的人事、薪酬、住房、税收、养老等政策。探索实行个人所得税改革。实行开放便捷的人才引进制度，在技术移民和外籍人才入境、停居留、永久居留等方面制定更加便利的措施，建立人才特区。

......

二、分析性报道

分析性报道分为预测结果式报道和分析走向式报道两种。

（一）预测结果式报道

预测结果式报道或称预测性报道关注的是事件将会有何种结果。它报道的重点不是已经发生的事实，而是事实的变动趋势、发展前景。

学界关于预测结果式报道算不算新闻有争议。原因在于它不是对新近发生的事实的报道。与传统的新闻报道相比，它不是等事实发生后再报道，而是在事实发生前做预测；但它是基于已经存在的事实之上的，通过对这些事实的分析进一步揭示其发展走向。归根结底，它还是对发生过的事实的影响做深层透视，既扩展了新闻报道的范畴，也符合新闻报道的基本要求。因此，我们将预测结果式报道视作新闻。

预测结果式报道的特点有两点：

（1）超前性。预测结果式报道的任务就是对可能发生的事实做出预判。相比预告式的新闻，它展望的时间更长了。一般来说，预告式新闻是对几天之后将发生的事的预先告知，而预测结果是一种有说服力的参考。

（2）引导性。预测结果式报道在告诉读者将发生什么的同时，也在引导着人们的行为。比如通过对生产和消费的预测，人们可以知道某种产品畅销与否，据此安排生产。鉴于其社会影响力，预测结果式报道要注重科学性，在对"已知"充分研究的基础上，探索事物的发展规律，以把握"未知"。

从这个意义上说，预测就是探索的过程。记者调查研究的广度和深度，同其报道预测的准确度是成正比的。当然，也不排除偶然性因素的干扰。所以，对于预测结果应该持辩证的态度。

（二）分析走向式报道

分析走向式报道是在报道事实的基础上，通过分析，梳理事实脉络并展望未来的发展趋势，但并不给出结果。

1. 分析走向式报道的特点

分析走向式报道与解释性报道有不少相同之处，它们都以新闻事实为依据，以新闻事实作为分析和解释的对象，并要探索原因。但在解释和分析的时间取向上，解释性报道较多停留在过去，是对已知事实的回顾，而分析走向式报道对原因的分析是为了展望事实的未来走向。以《经济日报》记者詹国枢等人采写的报道为例，一是就"特区怎样'特'下去"的话题推出的一组报道；

一是单篇报道《开封缘何不"开封"?》。前者是分析性的报道,后者是解释性报道。关于"特区怎样'特'下去"的报道,通过对特区发展过程的总结回顾,剖析特区人的困惑以及特区面临的困难与考验,并以令人信服的理由展望了特区"特"下去的途径。《开封缘何不"开封"?》一文则主要剖析改革开放大潮中开封的落后状况。记者与开封干部群众一起摆事实、找根源,从以往开封发展过程中寻找原因,准确地抓住了问题的实质。

除了内因,分析走向式报道还要逐个考察影响事物发展的诸多外因,分析它们所起的作用及相互影响,充分估计事物发展过程中可能出现的不确定因素。正是因为这一点,分析走向式报道与预测结果式报道表现出不同之处:预测结果式报道判断将会发生什么事情,预测事件结果;分析走向式报道注重揭示多种因素的作用力,宏观把握事物发展规律。

2. 分析走向式报道在写作上的几点要求

分析走向式报道是在对事物发展规律充分分析的基础上,对其未来走向的一种宏观把握,写作难度较大,需注意:必须把握住事物发展的趋势;一定要以对已然的事实的分析为基础;把握用语分寸,注意表述的准确。

尤其注意,既然有诸多不确定因素,那么写作时就一定不要把话说死,但全部模棱两可又失去了报道的价值。一般来说,对宏观规律性的内容,一定要信息准确,观点鲜明;对表象上的、偶然性的内容,表述则要留有余地。

下面的报道是分析性报道的范例:

老马识途:大选后马来西亚的可能走向(节选)

我在吉隆坡这几天的情绪随着马来西亚朋友们一起波动,从选前的焦灼到胜选后的兴奋,再到这两天的轻松愉悦。我见证了马来西亚独立以来堪称最重要的历史事件——这个国家刚刚经历了历史上首次政党轮替。

这个结果来得十分不易。马来西亚一直是所谓的选举型威权国家,政府拥有强大的资源,对社会实行强力控制,甚至可以操纵选举。另一方面,选举又确实起到了一定作用,政府的合法性源于选举,不管是执政党还是反对党,对选举都十分重视。当然反对党的诉求是使选举透明公正,和政府相比,反对党的资源十分有限。

投票日我到一个临时当成投票站的小学校去观察。选民们排了很长的队但平静有序,投完票的人的一个手指都要被染成紫色,以示区别,这一天的朋友圈里好多人在秀"紫手指",美其名曰"染指"国家大事。这个国家的人们希望用选票而不是用暴力来改变现状。

......

选后的喜悦和轻松遍布在很多人的脸上，但是选后的马来西亚会走向何方？能不能真正完成政治和社会转型？目前人们普遍对于新政府的期待很大，希望新政府能消除腐败，提振经济，消除族群歧视。我和一个等车的戴着头巾的马来族穆斯林小姑娘聊了一下，她说她喜欢新政府，对新政府的领袖人物印象非常好。她不希望只有马来族享有特权，而希望各个族群都平等，大家都是马来西亚人。这也代表了一些受过教育的城市年轻马来人的想法。

那么，新政府是否能满足人们的期待呢？

在新政府的组成和启动阶段，新任首相马哈蒂尔会起到关键作用。他的经验、判断和声望在大选期间起了作用，在选后的政局重组和政治安排上也会起到关键作用。反对党普遍缺乏在中央层面执政的经验，因此"老马"的经验非常宝贵。他的施政风格有非常强的个人色彩——果断、铁腕，这种风格会在相当程度上得以延续。但另一方面，马哈蒂尔过去执政期间的独断专行和排除异己等，也饱受非议。他以后能否在这方面和以前有所不同呢？

马哈蒂尔选后的动作是迅速而果断的，已经任命了几名重要部门的部长和咨询委员会的成员。咨询委员会成员是几名政商界的资深人物，其中有华人富豪郭鹤年。反对党领袖安华（又译"安瓦尔"）被立即释放，马哈蒂尔与他冰释前嫌，到医院看望了安华，两人进行了长谈。这样的人事安排，为平稳过渡和以后的平稳执政打下了基础。同时因为宗教立场比较极端的伊斯兰党在去年退出了反对党联盟，希盟的意见会比较容易达成妥协或一致。这对于整合希盟是一个比较有利的因素。马来西亚这种稳定的局势非常有利于政权平稳有序地交接。新政府就绪后，预计这种稳定的局势也会继续保持下去。马哈蒂尔的威望是全民性的，尤其是被马来人当作神一样的存在。

马哈蒂尔也很快回应了人民消除贪腐的诉求，禁止纳吉布出国并开始着手调查贪腐大案，启动"一马基金案"的调查。"一马基金案"涉及几十亿美元，是在纳吉布执政期间的重大金融丑闻，纳吉布是重大嫌疑人，但调查总是不了了之。如果调查可以深入进行下去，对于开启马来西亚的廉政之风非常重要。腐败是困扰马来西亚发展的重大问题，如果真能解决腐败问题，加上有效管理，则马来西亚的经济前景很可看好。

......

除了马哈蒂尔和安华，华人政党在大选里发挥的作用也很大，而且也会影响马来西亚的未来走向。以往在朝的华人政党是与巫统结盟的马华公会，在野的行动党是不同于马华公会的华人政党。而马华公会自称为华人的代表，行动党打着"马来西亚人的马来西亚"这样的口号。马华公会因为失去了华人选民的信任，在这次大选中遭受惨败，而行动党的林冠英选后被提名为部长。记者问他当选为华人部长的感受时，他的回答耐人寻味，他说自己不以华人自居，而是一个马来西亚人，要为全体马来西亚人服务。马来西亚华人强烈的中华文化认同和对中华传统的保留，是在长期种族歧视政策下的结果。大选的结果和行动党的胜利有可能重塑马来西亚华人的国族认同，华人会更认同马来西亚这个国家和作为马来西亚人的身份，以及马来西亚多元一体的文化。

至于马来西亚和中国的关系会否有变，我的看法是，马哈蒂尔是经验老到的政治家，也一贯对华友好，他不友好的选举语言不代表他会改变中马友好关系。但也可能会有微调。中马关系从地缘政治角度来说，不管谁上台都需要和中国维持友好关系、进行贸易。

当然即使是微调也非常值得我们注意：尤其是马哈蒂尔在位时间如果较短，他和安华的政策的延续性非常值得关注。此外行动党取代马华公会在政府中的位置，会对中马关系产生什么影响？

要回答这样的问题，我们还需更多的研究。我们对于马来西亚的反对党和非华人政党的研究还很不够，对于行动党、安华都关注较少。马来西亚国内政治因素会和中马关系有着复杂微妙的互动，不过尽管从短期来看可能面临一些问题，但从长期看和一个受本国人民支持的政府打交道是有好处的。

这一次马来西亚大选的结果给我们提了一个醒。我们对于"一带一路"相关国家的了解还非常不足。一些貌似科学的预测往往让人大跌眼镜，政治和社会的复杂性远超出人们的想象。这是非常值得关注和研究的问题。

（《第一财经》2018 年 5 月 14 日）

三、调查性报道

调查性报道，是指以调查为手段揭露新闻事件的真相、社会问题的本质的报道。调查性报道是一种揭露性报道，有时也称揭丑性报道，它是"一种以较为系统、深入地揭露问题为主旨的新闻报道形式"。调查性报道是一种更为详尽、更带有分析性、更要花费时间的报道，其报道的目的在于揭露被隐藏起来的情况，尤其是负面情况，从媒体角度维护社会公平正义。

首先，调查性报道是揭示性的。其次，它是一种详尽深入的报道，要暴露事件的详细经过。再次，它通常难以依靠政府或当事人或组织提供材料，而要依靠记者主动进行深入调查，具有自主性。最后，调查性报道篇幅长、分量重，其采写往往要耗费巨大精力，甚至可能承担安全风险，报道阻力大，但发表后往往能产生重大社会影响。例如《申报》对"杨乃武与小白菜案"的调查历时三年之久。

需要注意的是，除了负面事件需要调查挖掘，现实社会生活中许多事件、人物和话题具有正面的、积极的、健康的新闻价值，同样需要进行深度报道。为此，我们可以这样更全面地定义调查性报道：由媒体相对独立完成、以记者调查为主要方式、揭示不为人知的新闻事实的深度报道。

调查性报道按题材可以分为事件型报道和问题型报道两大类。

（一）事件型调查报道

事件型调查报道主要是针对社会事件，通常是负面事件，所做的具有调查深究性质的报道。

1. 事件型调查报道的特点

因为通常是负面事件，涉事方不愿公之于众，所以采访过程通常很艰难，单个秘密材料往往不足以支持整篇报道，记者需要通过彻底的调查采访，揭示事件的整体情况。事件型调查报道的采写，最大的难处是材料的获取，通常调查对象总是千方百计阻挠记者的采写，主流社会因不明真相，对事件的态度也尚无定论，记者必须付出辛苦的劳动，甚至冒生命危险去获取事实真相，帮助社会了解事件过程、明辨事件性质。

正是因事件性质尚无定论，所以报道的真实性就极为重要。实证性体现在其真实性，来自记者对第一手材料的发现、对第二手材料的考证。所以，事件型调查报道并不刻意对调查材料做过多的加工整理，也不过多地发表评说，而是靠新发现的重要事实步步逼近真相。

2. 事件型调查报道的写作

事件型调查报道直接记述记者的所见所闻，展示事件真实经过，突出调查中具有实证性意义的细节。

在事件型调查报道中，细节的表现力可以转化为实证性力量。对于报媒调查性报道来说，实证性尤其重要。因为纸媒无法录载影像、声音等难以辩驳的内容。这时，突出具有表现力的细节就是纸媒调查性报道的重要武器。

在捕捉细节的过程中要注意比较与鉴别。有些采访对象的言行不一定可信，还需要以物证为支撑，甚至物证也可能造假，记者还要比较、鉴别各方证据。

如2003年孙志刚事件发生后《南方都市报》发布系列调查性报道，为求一个普通大学生死于收容所的真相，将其进入收容所前的行踪、死亡时间、护理记录、尸检结果详细地记录了下来。通过对法医以及孙志刚家属的谈话进行分析，发现其死亡报告与护理记录的矛盾，以此为突破口发现了其非正常死亡的真相。

（二）问题型调查报道

问题型调查报道指对社会上某些较具普遍性的不良现象进行调查，类似于以前的工作通讯，记者带着问题做调查研究。

1. 问题型调查报道的特点

问题型调查报道与事件型调查报道有不少相同之处，都必须通过记者的深入调查来增强报道的真实性，加强报道话语的战斗力。两者也有一些相异之处。

（1）题材的非事件性。问题型调查报道的调查对象不是某一孤立的新闻事件，而是一种普遍存在的问题。因此，它的题材具有非事件性，可能涉及一组事实，这些事实或其中某些因素呈现出某种规律性、普遍性。以1997年第八届中国新闻奖获奖作品《夜探"虎"穴》为例，记者调查的是福州市电子游戏机娱乐场所的赌博现象。其多处、反复出现，大有蔓延之势，形成社会问题。记者适时地对这一现象展开调查暗访，引起了有关部门的高度重视。

（2）采写目的的明确性。带着问题去采写，这是问题型调查报道一个重要的特点。问题型调查报道所调查的问题一般已经引起了人们的关注，记者是根据问题来策划调查，目的十分明确。

试比较新华社的两篇优秀报道《菜价追踪》（1994年4月12日）与《大白菜引出的话题》（1996年3月21日）的开头：

近一个时期，京城菜价上涨，有些蔬菜比肉还贵，为了搞清菜价上涨的原因，记者来到北京的大"菜园子"——山东寿光市，从源头开始，行程千余里，对蔬菜价格的变化作了一次全过程追踪。　　（《菜价追踪》）

到银川，看到满街堆的都是棵大、紧扎、鲜嫩的大白菜。这么好的大白菜，在南方真不多见。当地人告诉我们银川的阳光仅次于拉萨而被称为

"亚日光城"。一了解，这里的大白菜一般亩产都在 7500 公斤左右，但 1 角 6 分钱一公斤都问津者寥寥。　　　　　　　　　　　（《大白菜引出的话题》）

仅从开头就可看出，前者是问题型调查报道，先有了菜价上涨的问题再去采写的；后者是一般综合报道，在采访中发现问题，再继续开拓深入。

（3）报道内容的调研性。问题型调查报道，其调查是为了深入研究问题，基于采访所得，对热点问题进行思考，并总结、推广先进经验。

2. 问题型调查报道的写作

问题型调查报道通过具体的事实解析去揭示普遍规律。它调查的是一种社会现象，而不是某件具体的事，但记者的调查仍需靠实地采访，调查的结论必须以事实为支撑。这就存在由抽象的问题向实际事项转化的问题，即围绕调查问题选定一组具体实在的调查对象。

一个具体实在的调查对象既可能是一件事在时间上的延伸，也可能是一种现象在空间上的扩展，两者同样可以反映问题的严重性，同样具有典型意义，可以传递出大于事实本身的意义。如《粟海集团速成鸡养殖调查：只能存活 45 天见两次阳光》（《齐鲁晚报》，人民网 2012 年 12 月 3 日转载），虽然只是对一家养鸡企业的调查，却典型地反映出当时"速成鸡"养殖中普遍存在的问题，引发人们对这一现象的深入思考。

这类报道以记者的采访经历为叙事线索，常用"顺藤摸瓜"与"扇面铺开"两种结构。"顺藤摸瓜"结构以记者的调查过程为线索，纵向地推进至问题核心，先提出问题，然后从源头开始调查采访。如新华社记者朱海黎、傅光宇采写的《化肥价格千里追踪》顺着进口和生产企业这个化肥供给的源头，一直追到农民的田间地头。通过这一根"藤"，读者可以看到，化肥价格在源头并没有上涨多少，主要是流通环节涨价太多。记者将主要流通环节的 30 多种收费带来的价格变化一笔一笔交代出来，使读者一看就知道化肥价格涨在哪里，哪些是合理的，哪些是不合理的。"扇面铺开"结构适合于横向展示某问题在空间中的扩展，按空间顺序，以范围的扩大、数量的增加来表明问题的普遍性和严重性，以唤起人们的关注。

大多数问题型调查报道都是以调查过程的展示来完成对调查结论的表述的。也就是说，调查结论已经包含在调查过程的叙述之中了。这符合新闻报道"用事实说话"的一般性要求，表现出明显的客观化色彩。

四、复合型报道

复合型报道由若干篇报道组合而成，形成强有力的传播效果。连续报道、系列报道、组合报道，都属于复合型报道，由多篇文章、多种报道体裁集合而成。这一类报道的对象比较复杂，不是一篇或一次报道就能解释清楚的。

（一）连续报道

连续报道也叫追踪报道，是指在一定时期内，就某一不断发展变化的新闻事件做持续不断的报道的形式。在一段时间内集中、突出地对同一主题进行连续式报道，能够形成强大的声势和吸引力。连续报道以事件发展历程为轨迹，按时间顺序写作、组织，适用于正在发展过程中的重要事件，比如体育赛事、重大活动和重大突发事件等。连续报道有连续性和阶段性两大特征，它涉及面广、吸引力大、时效性强。相比其他类型的报道，连续报道更能满足读者持续、及时地跟进新闻事实的需求。

连续报道受到新闻事件发展进程制约，事前往往没有具体策划，而是根据事件发展过程随时调整报道。其单篇报道的体裁多为消息，因为事件发展瞬息万变，还未完整展现全貌，事实性质还不清楚。

由于连续性报道的周期比较长，不可能所有读者都从头至尾关注报道，因此在每次报道时，应对已发生的情况做适当回顾，以便中途关注的读者对事件有比较完整的了解。

（二）系列报道

系列报道是指针对典型的新闻事件、新闻现象、新闻人物等，围绕一个共同的主题，进行多角度、多侧面、多层次报道的形式。系列报道往往由若干独立报道组成，体裁广泛，消息、通讯、评论、图片新闻等都可用于系列报道。各独立报道逐步展开，深化主题，向受众呈现新闻事实的全景。与连续报道强调新闻事件发展的时间顺序不同，系列报道更强调事物的内在逻辑，胜在事实展现的完整性，对其新闻价值进行多侧面的开掘。

系列报道系统、全面，具有规模效应，其各独立报道间多为并列关系，多用于事件性新闻。系列报道一般是对于已经发生的事实的报道，可以在报道前进行精心策划，做到有的放矢。

系列报道可以将新闻事件的各个部分拆解开来，化整为零，逐一报道，又以内在逻辑集零为整，形成一个完整的报道群。

（三）组合报道

组合报道又称整合式报道，是指围绕同一主题，将某类新闻事实或其一新闻事件的各个侧面编排在一起，运用不同的体裁进行多方位报道的形式。组合报道善于在版面上做文章，它就像一块集成电路板，利用若干新闻事实的联系、对比，达到超越单一报道的传播效果。

组合式报道以相关性组织各单篇报道，对"碎片化"的报道单体进行有机组合，强调全面性，不仅能展示事件本身的进程，还可以对事件的起因、背景、影响等做详细的介绍，并且可以容纳不同的声音甚至对立的意见，帮助读者更好地了解新闻事件。

组合式报道是各单篇报道的有机组合。在报纸版面编排中，常拟一个共同的大标题统领各篇报道。

组合式报道的新闻体裁多样，题材丰富。组合式报道是"碎片化"报道的有机统一，其中每篇报道只对新闻六要素中的某一点或几点进行报道，但是最终形成的组合报道六要素是齐全的。在许多组合式报道中，往往还添加了新闻事件的背景知识和影响等。

第三节　深度报道的选题

深度报道的选题指的是从事深度报道的采编人员对拟反映的客观事实的领域、范围与重点的具体择取。

选题之于深度报道的重要性主要体现在两个方面：

首先，选题直接关系着深度报道的价值、分量。新闻报道的报道对象是新闻事实，不同的事实所包蕴的新闻价值很不一样，甚至有天壤之别。若选题本身价值不大，那么，记者无论如何挖掘也无法提炼出真金。

其次，选题直接影响受众的注意力。在媒介竞争日益激烈的今天，高质量的选题意味着优先获取广大受众的注意，使媒体在竞争中掌握主动权。

一、深度报道的选题原则

（一）以公共利益为核心

深度报道的选题应以公共利益为核心，公共利益的关键是人民利益。世界新闻传播史证明，任何社会的主流媒体与主流新闻报道均以公共利益为旨归，商业化只能成为媒体实现公共利益的手段而不能成为根本目的；媒体的商业利益追求不能干涉媒体对公共利益的向往与落实。深度报道作为一种重要的新闻产品，是否以公共利益为核心成为衡量其选题质量的首要标准，它要求从事深度报道的采编人员首先将追求社会公平正义作为报道的第一要务。

（二）以新闻价值为主，宣传价值为辅

深度报道必须以新闻价值为主。首先，深度报道不是一种为个人涂脂抹粉的手段，也不是某个机构的公关工具，而是人民群众利益的传声筒、社会问题的透视镜。唯有坚持以新闻价值为主，选题才能围绕公共利益展开。其次，新闻报道的第一任务是传播新闻信息。只有按照新闻工作规律办事，以新闻价值为主，深度报道的宣传功用才能对社会进步产生积极作用。

在以新闻价值为主的基础上，深度报道选题应坦诚地面对宣传价值，并将这一价值用于正途，宣传符合社会利益、积极向上的价值导向。

（三）立足实际，扬长避短

深度报道的选题应立足实际，既包括广泛的社会现实，又包含传媒发展局面，乃至栏目及采编人员的主客观具体条件，选择可以胜任的选题。只有从自身条件出发，审时度势，才能够建构选题的核心竞争力，使深度报道之路越走越宽阔。

立足实际就意味着深度报道的选题应扬长避短。任何媒体、个人都各有不同的擅长领域，选题应知己知彼，扬长避短，才能最大限度挖掘出选题深度。

二、深度报道的选题方法

（一）立足社会现状，辨别选题的报道价值

新闻事实的价值只有密切结合社会实际才能准确判断。价值的判断有个性也有共性，其共性来自客观世界。因此，脱离社会现实，就难以准确判断选题价值。正确把握社会发展的状况，关注当下社会重要议题，有助于辨别选题优劣。将它们按一定逻辑有机联系起来，才能实现选题深度，这离不开对社会现实的把握。比如，2016年新华社《新华视点》栏目推出的"人去哪儿了"系列深度报道，探寻不同地域、职业、年龄的人在社会变革中的去向，全方位解读新时代的人口流动。人口流动的背后是社会资源的流动，是政府社会管理水平与公共服务水平的一种体现，弄清楚"人去哪儿了"有助于掌握中国社会发展的趋势。其中的一则报道《钢铁煤炭去产能，安置职工去哪儿?》聚焦钢铁煤炭行业的下岗职工安置问题，通过对山西、辽宁、武汉等地的钢铁煤炭集团的实地采访与调查，探讨职工分流的不同路径，为寻求更优的分流安置政策提供思考。深度报道在采写之初往往面临一堆杂乱、零散的局部现象。

（二）从媒体的特点出发

选题仅从社会现实出发是不够的，还需要充分考虑媒体的特点。其他媒体可以完成的选题并不等于自己也能够落实。深度报道的选题从本媒体的特点出发，就是围绕本媒体的核心竞争力选择其他传媒难以完成的选题。

具体而言，各媒体要认清自己的独特定位、目标读者与工作重心。不同媒体有不同的影响范畴和擅长领域，如国家级媒体信息传播全面，舆论导向任务重大，获取权威资讯的条件优越；各地方性的都市报更适于反映社情民意，成为本地生活的信息集散中心和舆论阵地。

（三）注意在动态的新闻事实中抓取选题

选题的确立、完善应抓住新闻事实的动态性，这一点对突发性事件的深度报道尤为重要。面对突发性事件，深度报道不能静等事件告一段落甚至结束才开始采写，而应立即跟进，及时报道，一边报道，一边思考。由于事出突然，记者跟进仓促，对新闻事实的了解往往相当有限。只能先发出消息，在跟进过程中做动态的选题判断，适时开展深入调查，一旦条件成熟就立刻由一般报道转入深度报道。

（四）注重策划，实施方案

深度报道所处理的新闻事实规模大、结构复杂，社会影响较为广泛、持久、深远，整个报道完成所需时间较长，所以在选题策划时应形成成熟的实施方案，以确保选题完成度和质量。

策划时，报道主体要找准新闻事实要害，确立报道的范围、重点、步骤，尽可能细化实施方案，在确定目标后进一步分析：应该用什么样的方式调查？应该确立什么样的调查路径？调查的关键点在哪儿？调查分几个环节？后期审稿编辑标准是什么？将这些问题落实成文后再付诸实施。

（五）广设新闻线人，密切联系方家

所谓新闻线人，是向新闻媒体提供新闻线索并以此获取报酬的人，可分为：职业新闻线人、兼职新闻线人、客串新闻线人、举报新闻线人与专业新闻线索提供公司五大类。广设新闻线人有助于丰富报道对象，扩大选择范围，及时发现新闻事实，充分把握全局，优化报道质量。对于新闻线人及其提供的新闻线索，媒体应严格鉴别真伪，加强管理。新闻线人提供的线索很可能与其自身利益息息相关，这就要求新闻工作者多思考，勤核查，在广设新闻线人的同时密切联系方家，借相关领域专家学者的眼光判断线索真伪及价值。当然，这并不意味着记者可以省去自己的思辨。记者应在认真听取大家意见建议的同时仔细分析，不能偏听偏信。

第四节　深度报道材料搜集

一、背景材料搜集

背景材料是与新闻事实相关的用以理解新闻事实、凸显新闻价值的非新闻事实。需要注意两点：第一，背景材料不是新闻事实本身；第二，背景材料与新闻事实相关，两者有一定的内在联系。

背景材料的种类繁多，总体来说，深度报道需要搜集如下背景材料：

（1）党和政府的有关政策、法规等规范性的文件。这些材料是记者辨别是非曲直、判断新闻价值、确定新闻导向的重要标尺。

（2）与新闻事实直接相关的背景材料。如涉事组织机构的名称、性质、职能、内部构成、政治背景、经济状况等；当事人的收入、阅历、性格、行为特征等。与新闻事实直接相关的背景材料为新闻事实的内在逻辑性提供支撑，也是记者把握新闻事实的必要客观基础。

（3）注释性背景材料。主要有对名词术语的注解，对科学原理深入浅出的介绍，有关物品的性能、特点说明，有关地方的风土人情、文史知识等。

背景材料可通过互联网获取，通过采访、查阅图书、影像资料、档案等获取。要注意对背景材料做必要的核实与出处的记录，以便随时检索核验。

二、事实材料搜集

深度报道新闻事实材料与新闻事实直接相关，其采集过程分五大环节，即准备、接触、整理、完善与鉴别。

（一）准备

深度报道所面对的新闻事实较为重大、复杂，故采访耗时较多，前期准备工作量大。若遇突发性新闻，记者在第一时间赶赴新闻现场的同时就要思考采访计划。

在准备阶段应考虑可能遭遇的主要困难。采访的记者或团队应将从新闻线索、受访对象、社会资源到物质手段等诸方面纳入准备范畴，以减少甚至消除采访工作的遗漏。

准备要重点突出。记者在新闻事实的采访中不能平均用力，而要根据新闻事实的特点、任务确定重点，注意对关键信源、采集难点、事实特色、接触路径、采访步骤等予以必要的规划，充分估计采访中可能遇到的困难，强化采访的可行性、计划性、实用性。

准备还要细致。准备是否细致常常会影响采访工作能否顺利完成。除了对采访思路的准备，还应准备好物资，在出发前检查通讯录、笔、照相机、笔记本电脑、录音笔等工具是否足以满足采访所需。

（二）接触

接触是采访的主体环节，指的是报道者亲临新闻现场或与当事人、目击者、知情人面对面或通过电话等渠道沟通，获取信息。

接触应循序渐进、灵活应对。2006年4月，新华社《新闻热线》栏目获悉湖北省汉川市政府下达红头文件，给全市的市直机关和各乡镇农场分派喝酒任务，全市各部门全年喝本地产的"小糊涂仙"系列酒，价值总目标为200万元，完成任务的按照10%奖励，完不成的通报批评。新华社《新华视点》栏目的记者闻讯后采取了如下采访步骤：首先，赶赴当地，通过线人获取湖北省汉川市的相关文件原件并拍照；随后，到乡镇了解基层被分派的喝酒任务；再次，去公安、法院、纪检等政法职能部门了解情况；最后，与负责起草文件的汉川市市政府办公室负责人见面，了解政府文件起草的来龙去脉。这一系列接触逐渐接近事实核心，颇有章法。事情总是复杂的，记者接触信源时应该善于随机应变。《南方周末》记者受命调查中华绿荫儿童村创始人胡曼莉是否以孤儿名义聚敛钱财时，从胡曼莉曾经工作过的武汉市钢花中学得到了胡曼莉前夫的姓名与工作单位。胡曼莉的前夫是报道的重要信源，但是，记者并不知道胡曼莉前夫现在在拥有几万职工的武汉钢铁公司的哪个部门工作。怎么办？记者先到武汉钢铁公司宣传部建立人脉，继而得到公司内部的通讯录，以公司宣传部的名义逐个单位询问，用时一天半终于找到胡曼莉的前夫。

记者采访时，首先要学会倾听。只有善于倾听，才能了解事实。要留意、分辨有相关利益的受访人所述的客观性与真实性，留心受访人所述是否存矛盾，防止被受访人利用。其次，采访要立足于整体利益与长远利益。一是不能偏听偏信一方之言；二是对受访人应真诚相待，只要是说出口的话就应是真诚、真实的，不能为套取信息欺骗受访人。最后，还要注意保护受访人隐私。

（三）整理

每次采访结束后应尽可能及时整理采访笔记，以免遗忘，也可以及时发现笔记中可能存在的遗漏，尽早补充、丰富采访内容。

（四）完善

整理之后，对于采访中的遗漏等需要做进一步完善。如果问题较大、遗漏较多，可考虑采取面访弥补；如果问题较小遗漏较少，可以通过电话、电子邮

件等方式询问受访人。

（五）鉴别

采访工作结束后，记者应该对所有事实材料进行认真、细致、严格的鉴别。包括识别材料的真伪、认识材料的性质、评估材料的意义等。

通常来说，和当事人利益关系越大的信源，其信息可信度越低。即使目击证人也可能说谎，或出现记忆偏差，甚至目击证人也可能都是假的。通常要采集多元信息，反复验证，以辨真伪。

三、把握核心信源

核心信源，指的是掌握关键新闻事实的当事人、目击证人或关键物证等。在重要的新闻事件中，媒体之间竞争的关键就是看谁先找到核心信源。

（一）由核心悬念引出核心信源

先找出事件中的谜团，然后提出假设，接着寻找一些证据证实或证伪，最后形成结论。一个复杂事件往往有诸多疑点，如何确定哪一个是核心悬念呢？它取决于记者对新闻的价值判断、所处的新闻环境、同行的报道角度，等等。每个悬念之间不完全是互相排斥的，它们可能会形成递进或并列的关系，需要理清它们之间的逻辑。

选择了一个核心悬念后，就要画出核心信源脉络图。信源脉络图既有助于打开思路，也有助于查缺补漏。在具体的新闻工作中，采访可能会不停否定先前的假设，因而要向新的可能性开放，不要太执着于最早的假设。考虑越周全，脉络图越细致，就越容易及时调整假设。

（二）逼近核心信源

确定了核心悬念和核心信源之后，随之而来的问题便是如何逼近核心信源。逼近核心信源需要记者有清醒的头脑和冷静的分析。

在信源链条中，各方都有自己的利益，且往往环环相扣，记者要理清其中的利益关系、逻辑关系，才能找到逼近核心信源的途径。

这时，信源脉络图又可以发挥重要作用，它有助于明确各方信源和当事人之间的利益关系，更快地找到可能的突破口。当清晰把握各种利益关系之后，就可以预判哪些人突破可能性比较大。然后，根据重要性、可行性锁定关键突破口，认真研究其相关背景信息。

（三）善用社会网络

事实上，每一个信源都处在一定的社会网络里面，可通过其社会关系接近核心信源。通常来说，核心信源的亲人、朋友、同事都是找到核心信源的重要线索。值得注意的是，核心信源的利益对立方往往会提供视角不同但十分重要的信息。

核心信源其实是不断发生变动的，记者应该根据新获得的信息，随时调整自己的突破点与策略。当然，在整个调查过程中都应该对核心信源的利益倾向保持警惕，对其提供的内容进行反复核实。

四、重视不同信源

如果无法找到核心信源或其不愿接受采访，记者可以通过接近其他信源来逼近事实。而且，其他信源也有利于挖掘报道的深度、转换报道的角度。

一级信源：与核心信源的当事人或事件关系最密切，比如当事人直系亲属、有直接利益关系的人、事件的目击证人等。

二级信源：通常是当事人所属单位或事件所属管理部门、调查部门。

三级信源：了解相关情况的专家、学者和媒体从业人员。

每一级别的信源都能提供不一样的东西。一级信源能够提供关键事实，二级信源可能提供判断依据，三级信源则能够提供背景信息和分析性观点。

不同层级的信源会成为进入新闻事件的重要路径，而且，也能为报道提供足够的深度。很多媒体都尝试把握不同层级的信源，在中央电视台的深度报道栏目《新闻调查》中，新闻常常有两条以上的线索：第一条是核心事实和现场信息，第二条就由二级、三级信源提供。只有将不同层次的信源提供的信息整合在一起，才能形成全面的、有深度的报道。

五、善用互联网资源

（一）以社交媒体压缩人际距离

如今，社交媒体发达，大多数时候，记者与采访对象其实是处在同一个平台上的，之前突破信源所依靠的传统人际关系，现在很大一部分被社交媒体替代。通过社交平台，记者直接将想法告诉对方，而不必经过中间人的干扰，极大地降低了接近信源的门槛。另外，有些时候，记者直接发微博向公众求助，也能有所收获。现实的人际关系是离散的，但在网络社交媒体上人际关系距离被压缩，记者能够很快接近目标。

（二）线上、线下互动搜寻核心信源

采访团队后方整合新媒体碎片信息，提炼可能的线索，交由前方核实补充；后方可以根据电话、网络形成辅助性稿件，最终形成立体新闻产品。和调查记者单打独斗的方式相比，核心信源突破更为便捷，拓宽了深度调查报道的

空间，甚至改变了其形态。网络空间海量信息中蕴含的深度报道的可能性，已经是新闻媒体无法忽视的了，线上信源搜集和获取甚至已经成了记者的必备基本功。

（三）"去现场"不能被网络工具替代

新媒体时代最重要的不是调查的手段，而是记者的心态——记者能不能耐得住寂寞，踏踏实实地完成采写工作。

"去现场"意味着能够接触到更多的知情者，对于一些难度较高的采访而言，更有利于说服对方接受采访，辨别其所提供信息的真伪。

对于深度报道来说，"去现场"是不能被网络替代的。网络只是提高效率、节约成本的一种工具。

第五节　融媒体深度报道趋势与案例

新媒体的发展正改变着人们的生活方式和信息获取方式，同时也对整个传媒业产生了重大影响。媒介融合的脚步不断加快，新旧媒体相互补充、相互借鉴，新的内容生产方式、信息传播技术不断涌现。

新闻内容生产一改过去简单追求"短平快"的报道模式，转而对新闻事件进行非线性、动态、综合的融媒体传播，通过文字、图像、声音、视频等多种不同传播形式给受众带来全方位、立体式的体验，受众可以更近距离地接触新闻事件，更客观地认识新闻事实，可以说，新闻报道已经进入一个事实的三维时代。

在媒体融合发展的背景下，除了采、写、编三个环节的共同协作外，还需要把握新媒体的发展趋势，了解各个媒体平台的特征，做到媒体渠道互补，选择合适的平台进行深度报道的内容输出。具体而言，融媒体深度报道目前呈现以下趋势：

（1）从作品到产品。深度报道的新媒体化不仅仅是一种简单机械的装饰，而应该转变操作理念，将作品转为产品，实现从报道作品向报道产品突破。其中，营销意识、渠道意识、受众意识都应当受到重视。

（2）全新的生产方式。从源头端探索，形成产品整体的设计架构、策划、运作，而不是简单粗暴地将内容生硬镶嵌进不同的新媒体平台。此外，融媒体报道应形成采集、展示集中的模式，建立全方位策划和长效执行机制。

（3）呈现形式的独立性与互补性。融媒体深度报道的图表、视频不再依附于文字，而是在具有内在相关性的基础上各自独立。图表呈现数据，视频呈现动态过程，文字则呈现深度与思考，每一种媒介形式拥有不同的呈现优势，共同实现内容传播效果的最大化。

（4）引入互联网新概念。如今，视频直播如火如荼，是否可以利用现场直播的方式呈现深度报道？视频直播能直观生动地呈现采访与调研过程，也许能使报道既有现场，也有观点，从而使深度报道更丰富、更立体。

（5）互动式新闻生产。用户随着信息接触量的增加和需求的多样化，可能会对一些社会问题提供更为广阔的视角和更为深刻的见解。因此，媒体应为用户提供发表言论、参与传播的平台，促进新闻报道生产主体多元化，鼓励多视角、立体化、互动式的生产内容，满足不同受众的个性化需求。

基于以上趋势，许多媒体对融媒体深度报道做了探索，主要分为交互式报道、数据可视化、VR 新闻三个方面。

一、交互式报道

深度报道本身具有复杂性，为了能完整地将事件本身展现出来，文学化的叙事手法成为主流选择。交互式新闻的出现，既能够有效弥补深度报道文学化叙事客观性上的缺憾，又能在同一平面上延伸出多维度的复杂信息，呈现出了点面结合、纵横有序、宏观和微观结合的特点。

交互式报道赋予了用户在获取信息时的自主选择权，满足了用户与新闻产品实时互动的需求，也极大地增强了阅读体验的友好性。例如在专题报道《高层建筑简史》中，《纽约时报》利用海量新闻素材进行二次创作，以交互视频的形式完成了新闻叙事。在视频播放过程中，受众可以根据指示进行点击或滑动操作，转至相关外延信息的页面，并对信息页面中的元素进行拖拽等交互操作，在游戏化的体验过程中获取更多信息。又如在 BBC 制作的《叙利亚之旅：寻找你的逃生路线》和卡塔尔半岛电视台制作的《盗渔》中，受众均以第一人称视角置身于新闻事件中，受众的每一次选择都与新闻信息相连接，受众完成游戏任务的过程亦是新闻完成叙事的过程。这样的叙事模式提升了体验的沉浸感，也体现了内容选择权的转移。

交互式新闻的展开需要受众参与，能够最大限度地激发受众的探索欲望，起到鼓励和引导受众深入挖掘新闻内容的作用。此外，受众还能以互动、反馈的形式向后台补充数据及新闻线索，甚至进行内容纠错。这实际上在鼓励受众参与新闻内容生产，成为新闻信源和传播者。

（一）交互式报道的生产模式

1. 垂直化合作生产

与传统的纵向生产模式不同，融媒体交互式深度报道多采用垂直化一贯到底、多方横向合作的生产模式。以《纽约时报》的突发事件报道《雪崩》为例，其团队中，记者、多媒体制作人员和技术人员三方从一开始就融合协作。这种生产模式克服了传统生产模式在制作思路上的不连续性，也在前期的充分沟通中解决了不同工种分段参与可能出现的问题。《雪崩》突破了以往环环接力的内容管理系统，实现从产品形态融合到生产模式融合的反推。横向生产模式除了深度融合之外，还能提高效率、减少失误。在一个横向生产团队中，每个成员除了专注于自己的任务，还能更好地了解自己在整体生产中的位置和实际发挥的作用。

2. 众包化

融媒体时代，新闻报道的深度不再单由传统的专业人员定义，而是由受众群策群力来确定。一种集生产者、销售者、消费者于一体的系统正在形成，这是对交往传播关系的一种全新构型。网络的开放性使得用户生产内容（UGC，User Generated Content）成为新闻报道中不可忽视的力量，融媒体交互可视化深度报道的内容生产模式呈现出众包化。

众包生产的本质在于对数据和信息的重新聚合与价值挖掘，着眼于知识、创新和判断力的整合，体现了受众从合力解决问题到创造内容的过程。将众包模式应用于调查性报道之中，既可以增加报道的关注度，也极大地节约了新闻生产方的时间和人力成本。例如 2009 年英国《卫报》将英国议员花销账单数据公之于众，邀请网友以做游戏的方式参与核查，最终有两万多名网友参与了数据调查和新闻制作的过程。众包化生产模式下的新闻报道不再局限于最终呈现的结果，而是成为一个动态的过程。

（二）案例：《亚马逊热带雨林滥伐问题研究》[①]

1. 案例呈现

亚马逊热带雨林有三分之二位于巴西境内，过去 50 年，它饱受森林滥伐和生物多样性减少等问题的困扰。交互式报道《亚马逊热带雨林滥伐问题研究》（*Deforestation in the Amazon*）对亚马逊热带雨林滥伐问题进行了全方位解析，并梳理了巴西政府从鼓励开发到立法保护雨林的历程。

这份研究报告采用丰富的交互式设计，左侧自隐藏式导航栏清晰地展示报告的结构脉络：前言—亚马逊与气候—亚马逊的居民—生物多样性—从开发到保护—滥伐现象探因—减少或遏制滥伐。报道的前言部分仅使用三张动态背景图片对应三段简短文字，分别从亚马逊热带雨林的面积、吸收温室气体的功用和滥伐加

---

① 网址：https：//www. cfr. org/interactives/amazon-deforestation/#/en.

剧碳排放三方面进行简要叙述，引导读者关注其与气候变化问题的关系。

进入报告标题后，动态卫星地图更直观地呈现出亚马逊热带雨林的地理位置（图6-1）。

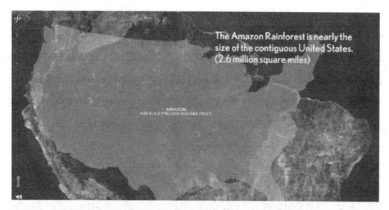

The Amazon Rainforest is nearly the size of the contiguous United States. (2.6 million square miles)

AMAZON AREA: 2.6 MILLION SQUARE MILES

图6-1　亚马逊热带雨林的地理位置动态卫星地图

第一部分"亚马逊与气候"（图6-2）是一部长约90秒的视频，通过动画和文字阐述亚马逊热带雨林对于维护生态系统的重要性以及滥伐雨林对气候变化的恶性影响。

图6-2　亚马逊热带雨林对于生态系统的重要性视频①

第二部分"亚马逊的居民"图文结合展现亚马逊居民在雨林滥伐问题上的

---

① 视频观看网址：https://v.qq.com/x/page/g1308cwrgkc.html.

不同立场。农牧民需要垦荒种粮，主张砍伐雨林；原住民由于垦荒而流离失所，成为受害者。

第三部分"生物多样性"从动物与植物两个方面说明随着森林滥伐问题日益严重，亚马逊热带雨林的生物多样性也遭到损害，例如巴西的黑白桎柳猴在19年间数量减半，巴西坚果树以及一半以上的亚马逊树种也濒临灭绝。

第四部分"从开发到保护"追溯历史，从1960年起，梳理重要的时间节点，介绍巴西政府从鼓励开发亚马逊热带雨林到立法保护热带雨林的过程。

第五部分"滥伐现象探因"对雨林滥伐问题以及伴随出现的环境污染问题的原因做出分析，其中包含公路修建、牧业发展（图6-3）、农场开垦、水坝修筑、矿藏开采。

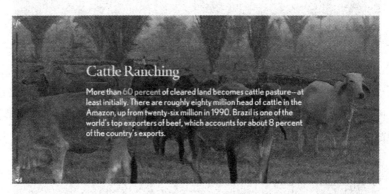

图6-3 导致雨林滥伐问题的原因之一：牧业发展

最后，"减少和遏制滥伐"讨论解决方案，提出可以从三个方面改善雨林滥伐现状：一是加强执法力度，与地方政府合作，减少边远地区滥伐现象；二是采取措施刺激经济增长，提高粮食产量和土地利用率；三是拓宽国际合作，吸纳国际资金支持森林保护。

2. 案例分析

（1）利用多媒体交互，全方位重现历史。

报告"从开发到保护"部分按照时间顺序，广泛运用多媒体元素呈现亚马逊热带雨林从无节制开发到立法保护的史实。如1960年，巴西首都迁往内陆城市巴西利亚，修建了长达1200英里的巴西利亚－贝伦高速公路，将首都与亚马逊森林内部连接起来，公路沿线人口从十万骤增至两百万。在这个页面中，背景由远及近呈现巴西利亚国会大厦景象，页面左侧依次出现高速公路施工现场的动态图片、报道巴西迁都新闻的《圣保罗页报》图片和庆祝新首都成立的视频画面，同步播放的则是视频中巴西民众雷鸣般的掌声。该页面融合多

重媒体元素，借助史实资料，重现历史，让读者身临其境。（图6-4）

图6-4　亚马逊热带雨林历史动图

（2）利用真实环境音，让受众体验"沉浸式"阅读。

受众戴上耳机阅读报告时，会注意到不同场景的环境音和背景音乐。例如在前言部分，有亚马逊热带雨林中的鸟鸣声，也有一阵阵电锯伐木的声音。文字、图片、声音于一体，创造出"沉浸式"阅读，给受众带来别样的体验。

又如1988年环保领袖奇科·蒙德斯（Chico Mendes）因挽救亚马逊河流域受到威胁的热带雨林而遭到枪杀，页面中的视频呈现了巴西民众悼念蒙德斯的悲壮场面（图6-5），受众可以很清晰地听到追悼活动中丧钟和嘈杂脚步的声音。这种表现形式比文字说明更有力量，奇科·蒙德斯对巴西的影响力很直观地经音频、视频传递出来。

图6-5　环保领袖奇科·蒙德斯纪念活动动图

（3）通过图片，加强视觉冲击力。

报告绝大部分采用动态图片作为背景，搭配文字叙述，比传统的"静态阅读"更生动。部分页面使用的是广角航拍动态图片（图6-6），画面更富有视觉冲击力。

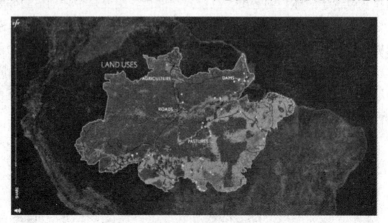

图 6-6　亚马逊热带雨林航拍视频截图

　　要展现亚马逊热带雨林多年来情况的演变，图片对比是更直观的表达形式。该报告用五张卫星地图依次展现 1975 年至 2016 年亚马逊森林滥伐区域的扩大情况。由卫星地图生成的信息图还全方位展示了土地使用与滥伐区域的位置关系，可以看出，滥伐区域多集中在水坝周围和公路两侧（图 6-7）。即使没有数据说明，读者也可以通过滑动页面来感受雨林逐渐被破坏的过程。

图 6-7　亚马逊热带雨林与土地使用关系图

二、数据可视化

　　大数据时代，人们对新闻报道的要求逐渐提高，受众所需要的不只是简单的事实陈述，而是在客观性、时效性、真实性基础上的深度挖掘。大数据时代下，海量数据的存储和计算机技术的运用为这种深度报道提供了一种新的可能。以清晰简洁的图表代替复杂冗长的文字叙述，以色块对比取代数字比较，更直观地展现事物的关系，这种报道是受读者欢迎的。

　　2010 年 7 月，《卫报》上刊登了一则关于维基解密的新闻报道，让人们第一次了解到了数据新闻的魅力。随后，各大媒体都开启了自己的数据新闻之路。我国的数据新闻也在 2013 年后蓬勃发展，代表性作品包括中央电视台推出的《数字两会》等，除了采用传统的图表外，还增加了动画模式和与读者交流的交互式报道。

数据可视化在今天的互联网新闻中占有越来越重要的地位。在这个阅读的快餐时代，这样一种呈现形式更符合读者的需求。在移动端上阅读时，图形和图像比长篇的文字更便于阅读，更能吸引注意力。此外，对专业信息进行常识化的解读，数字和图形是最便捷的呈现手段。

（一）数据可视化在新闻报道中的优势

1. 易解性、趣味性

数据可视化能很好地发挥人们对于可视化信息的认知优势，将复杂的信息简单化，便于受众理解，消除由于知识增长过快而带来的信息交流障碍。这种新型的数据呈现方式将人们在认知过程中的读取理解信息改变为直接观察信息，并用大量的实证资料来证明报道的真实性和客观性，同时便于将数据与故事交织，增强报道的趣味性。

2. 交互性

数据可视化技术使得受众可以参与管理、开发、读取数据，具备交互性特点。将网页链接与音视频内容融入数据可视化，让数据与文字结合得更全面，也可以提高交互性。

3. 预测性

一些新闻报道都开始尝试利用数据可视化方法，对某些事件的发展做出预测。如运用大数据在节假日前对游客的走向做预测性报道，又如流行病的传播、各行业就业情况、电影票房等都可以用数据可视化的方式进行预测。

（二）案例：《人去哪儿了》[①]

1. 案例呈现

2016 年，新华社《新华视点》栏目推出以"人去哪儿了"为主题的系列深度报道，利用新华网网页、微信公众号、客户端进行多样化报道，探寻不同地域、职业、年龄的人在社会变革与人口流动中到底何去何从。北上广人口拐点来临，超大城市的人口疏解如何才能找到平衡点？农村户口"含金量"提高，农民落户去哪儿？"去光环化"后的海归将面临怎样的抉择？钢铁煤炭业的"铁饭碗"被打破，安置职工如何解决？报道以四类人群的流动为切口，通过人口

---

① 《新华视点》栏目，2016 年 7 月，网址：http://mp.weixin.qq.com/SIC-xFrHW6Y53Foc0TD925A。

变迁，探索中国社会资源的分布与流动的宏观趋势。

报道《北上广隐现"人口拐点"：谁走了谁还在?》① 以北上广的人口拐点为切口，探讨超大城市的人口疏解政策。同时，报道也没有忽略仍努力在政策夹缝中寻找机会的大量外来人口，在政策与现状的碰撞下解读城市人口、资源与利益应如何达到平衡。

报道《农民落户去哪儿?》② 调查探究农村户口红利背后的原因及其对新型城市化的影响，以调查数据说话，为如何解绑农民与土地、推进城镇化提供新的思考方向。

报道《海归去哪儿了?》③ 从留学生回流率、回国后的职业选择、薪酬回报等方面全方位剖析留学生归国就业情况，指出随着留学普及，海归群体"去光环化"将是必然趋势。因此，留学人员需要加快适应海归常态化的调整，社会各方对海归群体也需要宽容与理性，创造条件让有实力的学子能够真正报效祖国。

报道《安置职工去哪儿?》④ 聚焦钢铁煤炭行业的下岗职工安置问题，通过对山西、辽宁、武汉等地的钢铁煤炭集团的实地采访与调查，探讨职工分流的不同路径，为寻求更优的分流安置政策提供参考。

2. 案例分析

新华网发布的"新华社系列报道·人去哪儿了"对一系列报道进行集中展示，专题页面穿插展示图表与文字，图文并茂、形式多样，其中的图表、漫画设计极富表现力，"逆城镇化"（图6-8）、"海归潮"（图6-9）等核心元素得到突出。同时，新华社客户端也以图表的形式呈现"人去哪儿了"系列报道，推出独立的图解报道，阅读量较高。显然，以数据、图表取代文字更适应新媒体时代受众的阅读习惯，这样的报道可读性更强。

---

① 网址：https：//mp. weixin. qq. com/s/c-xFrHW6hY53Foc0TD92jA.
② 网址：https：//mp. weixin. qq. com/s/U9i0_E_49g3qZSg9B4IBbw.
③ 网址：https：//mp. weixin. qq. com/s/hN58ICPF56IQFN5TnvhnvQ.
④ 网址：https：//mp. weixin. qq. com/s/IChZ4QQcyQqPy6VnNDtySA.

湖北某地级市去年10万农民工回流

同期5700多农民工落户城区

四川阆中去年农转非2286人，低于预期的2万人

图 6-8　农民工回流及落户城区人数

14.3%金融业
7.2%贸易零售
6.9%地产建筑
5.5%互联网

* 海归就业领域分布图，来源《2015中国海归就业与创业报告》

留学和外语不算优势，求职四处受阻，托关系进了国资参股企业　张俐（留学澳大利亚）

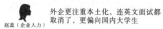

外企更注重本土化，连英文面试都取消了，更偏向国内大学生　赵蕾（企业人力）

图 6-9　留学生就业领域分布

从官方统计数据到自主调查数据，从个人的微观数据到群体的宏观数据，四篇深度报道的基础均来自扎实的数字，更具说服力与可信性。在报道中，基于数据形成的可视化图形能帮助受众发现关联性，理解差异和发展趋势，还能为某些已广为人知的事件开辟新的深入解读视角。

三、VR 新闻

虚拟现实（Virtual Reality），简称 VR，是 20 世纪 80 年代初提出的一种可以创建和体验虚拟世界的计算机仿真技术。它用电脑技术模拟出一个 3D 空间，当人穿戴 VR 装置时，会产生近乎真实的感官模拟体验，在这个 3D 空间中，可以使用控制器或键盘参与互动。简单地讲，虚拟现实中看到的场景和人物全是假的，它把用户的意识带入一个虚拟的世界。

VR 新闻是如今新闻界炙手可热的一个新概念，它是虚拟现实技术在新闻报道中的应用，是新闻行业的一种新的内容模式。VR 新闻的特点表现为沉浸性、实景性、多感知性、自主性、想象性、交互性等。

2018 年美国网络新闻奖解释性报道奖获奖作品《墙》（The Wall）由《亚利桑那共和报》与今日美国网合作完成。该报道通过实地调查获得丰富的一手材料，再以虚拟现实技术和纪录片的形式展示出来，利用播客、聊天机器人等多种方式进行报道。用户在观看边境墙的航拍视频时，可以自主点击选择阅览内容，交互式地将边境地理环境、农场主生活、濒危物种、关税以及部落分裂等各种复杂问题相结合，而"墙"更像是本篇报道中一条串起各类信息的线索，从而使得受众能够逻辑清晰地深入思考其后的种种问题。

目前，我国的新闻领域对 VR 新闻也有许多尝试。在 2015 年 9 月 3 日阅兵报道中，新华社全媒报道平台就采用了虚拟现实技术。2016 年和 2017 年全国两会期间，新华社、财新网等多家媒体都利用虚拟现实技术对会议进行全方位的报道。报道者通过 VR 设备（全景相机、VR 眼镜等）录制并上传两会现场视频到互联网平台，当受众使用 VR 设备进行观看时，便会获得仿佛置身会场的立体空间体验。这种特殊的报道体裁和全新的传播形式，使报道受到了社会的广泛关注。

伴随着 5G 时代的来临，VR 技术将会更加完善，并将从新闻生产、叙事结构、受众体验等方面带给新闻生产新的机遇，引领传媒产业内容和业态的双重变革。

但是，VR 新闻传播所建构起来的虚拟现实，也会引发一系列无法回避的问题，比如，VR 新闻的沉浸性对受众认知的影响，高自主交互性对新闻价值传达的影响。此外，营造强烈的临场感需要抓取受众的私人数据，会给受众带来个人信息安全风险。因此，我们需要清醒地意识到 VR 新闻报道存在的不足，冷静面对技术驱动带来的新变化，理性思考媒体发展带来的新问题。

（一）"VR 新闻"的优势

1. 打造沉浸式体验

2010 年，美国学者首次提出将 VR 技术应用于新闻领域并定义"沉浸式新闻（Immersive Journalism）"为"一种使观众能够对新闻中的故事或者场景获得第一人称视角体验的新闻生产方式"。沉浸式新闻能够使得受众进入和参与新闻，并以第一人称视角亲历新闻叙事，将新闻的及时性变为实时性，使得受众对媒体所传达的信息有更加感同身受的体验，加大了新闻对受众的影响。

传统的新闻报道形式主要为图文结合式。VR 技术的出现，使得新闻不再单纯地依赖文字和图片，还能够营造出一个虚拟的环境，将受众带到虚拟的故事发生地点，选择新闻事件中某个新闻人物的观察视角来了解事件，从新闻事件的旁观者转变为新闻事实的亲历者。由此，受众不仅可以体验到前所未有的视觉、听觉冲击，甚至可以通过共情，体验到新闻事件当事人的感受和情绪。

2. 改变叙事方式

VR 新闻为传统媒体带来了一种全新的叙事方式，这种新的方式颠覆了传统的传受关系。在 VR 新闻里，受众转动头部，就可以观看周围环境，选取观察事件的不同角度，叙述属于自己的故事。对于媒体来说，如何更全面地呈现事实信息，供受众选择，更好地实现与受众的互动，则是传统叙事方式不能解答的问题。

此外，传统新闻叙事的倒金字塔结构或者时间顺序结构都难以满足 VR 新闻的需要。VR 新闻的叙事从受众进入虚拟场景开始，受众自主在场景中探索事件的细节，受众的探索成为影响新闻叙事的关键因素。

3．多媒体嵌套，增强传播效力

VR 新闻依托其强大的现场感和代入感，吸引受众深入和持续地关注新闻事件，增强传播效力。在日益激烈的媒体市场竞争中，单纯将文字内容的生产方法移植到视频生产领域，显然无法获得受众的青睐。融媒体报道不仅需要抓住当下社交媒体中的热门传播因子，并且需要受众参与互动，实现内容与语境的扩展。

现在的媒体融合不再只是新闻载体和内容生产、传播技术手段的改变，而是在开拓一个完全不同于以往的媒体形式。未来，各种媒体很可能融为"采访（拍摄）平台＋制作平台（传统编排、新技术制作）＋传播平台（纸质媒体、互联网、移动端、视频播放）"这样一个综合的媒体形式，纯粹的报纸、电视台、网站将不复存在。

（二）案例：《流离失所》①

《纽约时报》是最早将虚拟现实技术引入新闻领域的传统媒体之一。2015年 11 月 5 日，《纽约时报》推出首部 VR 新闻短片《流离失所》（图 6－10）。该片时长 11 分 08 秒，通过讲述叙利亚战争中的三个小孩——11 岁的乌克兰男孩奥列格（Oleg）、12 岁的叙利亚女孩哈娜（Hana）、9 岁的南苏丹男孩宗尔（Chuol）在战乱中的真实生活，呈现战争给难民们带来的痛苦经历。

图 6－10　VR 新闻短片《流离失所》封面

受众戴上 VR，进入场景，抬起头，就有投放救援物资的飞机从空中穿行而过，抛下一袋袋食物；环顾四周，就是散落的书籍、被掀翻的桌椅、布满弹

① 网址：https://www.nytimes.com/2015/11/08/magazine/the－displaced－introduction.html.

孔的墙壁——这些极具冲击力的情景直接展示在受众眼前，比单纯的文字、图片乃至音频、视频更能感染受众。（图6-11）

图6-11 《流离失所》VR观看视角

除了佩戴VR眼镜观看视频外，受众也可选择"智能手机"模式，滑动屏幕，实现360度全景式观看，点击屏幕上的某一点，还可以进一步放大观看细节。这些都使受众获得了完全不同的新闻阅读体验。

思考和练习

1. 你认为什么样的新闻题材适合用解释性报道写作？

2. 事件型调查报道和问题型调查报道的区别在哪里？

3. 请构思一个调查性报道选题，说说你将如何策划你的报道？

4. 融媒体深度报道有哪些发展趋势？

5. 什么是数据可视化？它对融媒体深度报道有哪些作用？

第七章　融合新闻写作

中国互联网信息中心发布的《第 47 次中国互联网发展状况统计报告》显示，截至 2020 年 12 月，我国网民规模为 9.89 亿，互联网普及率达 70.4%，我国网民总体规模占全球网民的五分之一左右；我国网络新闻用户规模达 7.41 亿，较 2020 年 3 月增长 1466 万，占手机网民的 75.2%。随着网络新闻、手机网络新闻成为我国网民的主要信息接收形式，新闻产品形态发生转变。在这个媒体格局、用户偏好和舆论生态深刻变化的时代，传统媒体必须战略转型，改变传统媒体的发展模式，拓展信息资源，在确保信息传播质量的基础上优化传播效率，进一步促进自身的创新发展。

第一节　融合新闻概说

这是一个新兴媒体高歌猛进的时代，人们对移动互联网及其所承载的社交的迷恋，成为当下融合媒体环境最重要的特点之一。具体到新闻领域，受众消费需求的变化直接重塑了生产方，小至元素运用、大到流程再造的产出模式。随着互联网的普及，信息化技术在各个行业得到广泛应用，新旧媒体融合是大势所趋。融合新闻应运而生，它建立在媒介融合技术发展基础之上，运用融合思维呈现事实信息。在新旧媒体融合的大背景下，人们的新闻消费习惯打上了深刻的互联网印记，新闻媒体必须面对这样的现实，探索融合发展的道路，提供融合新闻服务，优化受众体验，满足受众新需求。

国家层面亦对媒体融合发展高度重视，这对融合新闻的发展具有深远的意义，在很大程度上促进了我国融合新闻实践的推进。如今，我国的媒介融合事业已经由新闻传播学界研究倡导、媒体实践探索的分头发展进入产学研一体化发展阶段，对媒体融合的研究和实践推动作用十分巨大。

一、融合新闻的基本概念

"融合新闻"（Convergence Journalism）也称"多样化新闻"（Multi-journalism），在 21 世纪初出现，以媒介之间的合作以及媒介组织结构与工作流程的改变为前提。

新闻的融合首先发生在新闻编辑部中，从业人员一起工作，为多种媒体平台生产多样化的新闻产品，并以互动内容服务大众。在实践层面，真正的融合并不仅仅限于作为信息发布平台的互联网的融合，还包括平面媒体、广播电视、网络媒体以及移动终端等在内的多种渠道的融合。融合新闻使用各种合适的传播工具，按照人们期望的时间、地点和方式提供新闻，满足受众对新闻即时性等的要求。它是文字、照片、视频、音频、图表和互动设置的集合体，以非线性结构呈现在不同媒介上，各种媒介呈现的内容相互补充但并不重复。

研究界对融合新闻做出广义、狭义之分。广义的融合新闻指由于数字技术的发展，媒介之间的界限逐步消解，新闻传播业务走向融合的状态；狭义的融合新闻指在媒介融合背景下新产生的一类新闻报道方式。融合新闻是与传播平台的融合相对应的新闻生产与传播方式的融合，主要利用多媒体手段进行，包括多媒体采集、统一平台加工、多媒体发布和与受众互动等层面。

尽管融合新闻生产与传播仍在探索中，但有一点可以肯定，融合新闻并不是简单地等同于"全媒体新闻"，不只是多种媒介形式的组合堆砌。本书对融合新闻做出如下定义：

融合新闻是基于互联网这一核心报道平台，根据新闻内容的时间和空间特点，以最适宜的媒介手段融合使用多种技术形态的报道形式。它突破了技术的限制，选择适宜在互联网传播的最佳形态，实现了新闻报道内容与新闻呈现形式之间的最佳匹配。

二、融合新闻的特征分析

（一）新闻来源多元化

网络和社交媒体的崛起及其互动和开放的本质特征，在新闻圈引发了关于记者身份的无休止的争论：博客作者是记者吗？在视频网站上传了具有新闻价值的视频的人可以算记者吗？如果我们从未在电视新闻、报纸杂志等相关领域工作过，那么我们能成为记者吗？我们试图回答以上问题，却忽视了最为重要的东西——传播新闻的人的头衔并不重要，新闻本身才最重要。正是因为收集新闻和传播新闻的工具简单好用又易获取，所以任何人都可能成为新闻活动的发起人。

融合媒体时代，普通公民获得了参与新闻生产、传播的工具，拥有了话语权；专业新闻媒体除了沿用传统新闻热线的方式获取新闻线索外，还可以通过各类社交媒体主动捕捉新闻线索。同时，大量自媒体的出现，也使得新闻发布渠道出现了多媒体化的趋势，除了报纸、广播、电视外，人们还可以从博客、微博、微信公众号、视频网站、短视频平台中获取新闻信息。

（二）新闻呈现多媒体化

多媒体化呈现是融合新闻的显要特征。新闻呈现多媒体化的一个重要价值在于不仅为用户提供新闻信息，还为用户提供多媒体享受。融合新闻综合运用文字、图片、音频、视频以及互动设置等网络元素完成新闻表达，让新闻接受者可以在同一个新闻产品中接触多种形式的媒介元素，享受多媒体"新闻大餐"。

（三）媒介运用的交融性

如前所述，融合新闻不只是多种媒介形式的组合堆砌，因此融合报道必然也不只是多种报道形式的组合堆砌。融合意味着使用合适的媒介元素呈现合适的内容，即将文字的深度价值、音视频的形象亲和力、互动设置的便捷沟通等优势完美融合，而不是机械地将文字、图片、音频、视频、互动、超链接等元素一股脑用到所有的新闻报道中。融合追求的是媒介元素运用的适宜性、新闻呈现效果的优良性。

（四）强调互动、服务和用户体验

新媒体重视用户互动过程中的信息增殖，强调用户对内容的创造；新媒体技术也使用户从信息接受者到内容生产者的身份的转变变得非常容易，这从技术上保证了用户创造内容的实现。例如，互联网技术应用中论坛、微信公众号、微博、博客、短视频平台等均设置有留言、点赞、一键分享等功能，为用户发表意见、生产内容、传播信息提供了便利。用户能够自主决定何时何地接收何种新闻信息，能够自发参与生产、传播新闻信息，这正是传统的"受众"向融合媒体"用户"身份转变的最直接体现。这一转变同时也促使新闻工作者必须将新闻工作看成一项服务，进而注重提升服务品质，让用户拥有更加满意的信息接收体验。重视用户体验，意味着要时时处处为用户着想，充分考虑用户的感受，力争让媒介服务超越用户预期，而不是只顾眼前利益。服务品质体现在一切细节之中，应该切实考虑不同用户的需求和特点，优化新闻信息的内容和呈现方式。

三、融合新闻与传统新闻的区别与联系

传统新闻中，报纸的表达元素是文字、图片，广播的表达元素是声音，电视则会较为综合地运用文字、图片、声音、影像等元素来传达信息。尽管电视在媒介元素应用方面已经表现出较强的融合特性，但仍不能划归到融合新闻范畴，主要原因在于它欠缺互动这一关键媒介元素。

在优秀的融合新闻报道作品中，我们能看到多种表达元素的有机组合，不同于简单平面媒体与视频、网络媒体的叠加。融合新闻会根据所报道事件，选取最佳的表达元素和最佳的组合方式，通过多种媒介传播元素的有机组合，强化用户对新闻的印象，加深用户对报道内容的理解。此外，得益于互联网技术，融合新闻在文字、图片、音频、视频、动画等媒介元素表达的基础上，将纳入互动设置，致力于新闻信息呈现的效果最优化。

融合新闻借助数字化的传播渠道，让受众高度介入新闻内容的生产和传播，分享自己的见解，给用户提供更多的选择，使用户的兴趣能够直接作用于新闻的内容生产与传播方式。一方面，融合新闻可以设置与受众互动的板块，比如评论、留言；另一方面，它可以增强新闻内容的体验性，给用户更为直观的感受。

不变的是，融合新闻报道仍要坚持"内容为王"，这也给正在转型中的传统媒体提出了更高的要求：一方面要夺回在时效性上失去的阵地，另一方面还要坚持生产出更加优质的原创内容。技术革命引爆了新一轮的传播革命，接下来是媒体的实验性创新，再是新受众的形成，然后是内容在此变化过程中的不断成熟。内容追随媒体变化，进而适应技术变化。相对于技术和媒体的进步，内容的变化具有滞后性，但二者最终会结合。这种结合开始发生时，内容的价值便回归了。

第二节　融合新闻中的文字

传统媒体时代，文字是报纸、杂志等纸质新闻媒体的主要表达工具。进入新媒体时代，纸媒受到严重冲击，"纸媒是否会消亡"成为热门话题。文字是纸媒的主要表达符号，假若纸媒消亡，文字是否也会淡出传媒江湖？

答案当然是否定的。文字在一切媒介里都能发挥作用，新媒介也不例外。我们需要清楚地认识到，新媒体技术冲击的是旧的媒介技术形式及其运作理念，而并不是具体的媒介表达符号。新媒体冲击的是报纸，却并不影响报纸上文字的存在和意义。报纸离开文字无法生存，但离开报纸，文字却另有一番广阔天地。文字在新媒体领域焕发着旺盛的青春活力；新媒体并不歧视文字这种古老的媒介符号，相反却给予它足够的青睐和重视。文字仍然是新媒体报道非常依赖的表达元素，因为文字可以把报道的思想和具体事实信息联系起来。

一、融合新闻中文字的优势

（一）文字的强独立性

与音频、视频的制作和传播相比，文字对媒介技术、传播工具的依赖性最弱，具有较强的独立性。

形象、感性是音频、视频的优势，但也正是这种优势使得它们具有局限——对技术和设备的强依赖。没有设备的支撑，再好的声音、再好的画面都无法采集，无法传播。文字恰恰相反，作为最古老的表达符号，其本身不需要复杂的设备和技术，而更多依赖人脑的处理。从这个角度看，文字不仅是独立性最强的媒介元素，也是最为安全和便捷的媒介元素。即使离开电子和电力设备的支持，我们也可以利用文字符号制作新闻产品，实现传播目的。对于融合新闻来讲，文字对外部资源的低依赖性使得它更接近表达的自由。

（二）文字的桥接优势

融合新闻可以综合采用多种媒介元素进行报道，但不同媒介元素呈现的内容并不具有天然的融合性。哪种媒介元素能够将原本分散的内容串联起来，使之构成有机整体？

答案很明显——文字。相对于其他媒介元素来说，文字更容易将复杂多样的内容串联起来，它可以灵活地将不同媒介元素呈现的内容联结在一起，具有明显的桥接优势，而图片、音频、视频等媒介元素则很难完成这一任务。

在融合新闻实践中，因为报道内容和媒介元素多样化的特点，如果没有文字发挥穿针引线的作用，将庞杂的内容联系在一起，融合新闻报道将成为一盘散沙，让用户无所适从。因此，我们必须重视文字的桥接作用，用文字将由不同的媒介元素呈现的内容联结成一个有机整体，让文字引导用户从不同媒介元素呈现的内容中整理出连贯、完整的思路。

二、融合新闻文本写作

无论新的媒介形态如何变化，掌握以文字为基础的新闻文本写作，对于新闻从业者来说都是最为基础也最为重要的。文字文本是将新闻内容与受众联系起来的纽带，是受众解读新闻的基础。

融媒体新闻的文字文本写作除了要符合传统新闻的原则性要求以外，还有新的特点。

（一）简短

新媒介环境下，融合新闻文字呈现的主要载体是各种电子屏幕。屏幕阅读的出现以及碎片化阅读习惯的养成对新闻文字文本提出了新要求——简洁，即用最少的文字来完成对事实的表述。这要求新闻写作更加简短，不拖泥带水，不说废话。同时，它要求句子和段落更加简短，以贴合用户的阅读习惯。

融合新闻写作中，记者应该适当控制文字量，单个音频文件或一段音频新闻的文本字数应控制在 50 个左右，视频播报的文本字数应尽量控制在 130 个左右，屏幕文本字数应尽量控制在 250 个左右。表 7-1 是美国学者杰弗瑞·威尔克森等人关于不同媒介适宜文字量的研究成果，可供参考：

表 7-1　文字量的控制

	广播（音频）	电视（视频）	报纸	网络
测量单位	秒	秒	栏	满屏
典型长度	20	90	12	1
典型字数	50 个字	130 个字	400 个字	250 个字

（二）生动

互联网消解了新闻报道的空间和时间限制，用户的注意力成为唯一的稀缺资源，因此，生动地再现新闻，吸引用户的注意力，成为融合新闻报道必须面对的关键问题。融合新闻应以人们乐于接受的方式传播信息，让用户能够饶有趣味地接收新闻。

何为新闻文本的生动性？总体上说，就是要在新闻写作时用文字实现"在场"效果，让读者犹如身临其境。这需要作者对事件或人物有入木三分的观察力与表现力，抓住典型细节，才能让读者感同身受。

一方面，信息模式与故事模式融合。新闻报道可分为信息模式和故事模式两种。信息模式不强调新闻的叙事技巧，而是以重要信息的提供取胜；不强调设置悬念，而是迅速地向用户提供核心信息。消息体裁以提供信息为第一要务，更加注重信息模式的运用。故事模式是指运用讲故事技巧来报道新闻，尤其是特稿、深度报道等，讲故事是一种必不可少的模式。从某种程度上来讲，新闻报道的确是一门讲故事的艺术。通常来讲，新闻篇幅越短，就越靠近信息模式；篇幅越长，就越靠近故事模式。但信息模式与故事模式并不是完全对立的，不是说采用了信息模式就绝对不允许讲故事，也不是说讲故事就会减少新闻报道的信息量。融合新闻应该灵活运用这两种模式，既要保证信息传播的效率，又要注重报道叙述的趣味性。总的来说，融合新闻应该兼顾信息模式与故事模式，将两者融汇在新闻报道中，在增加新闻信息含量的同时，让报道更加引人入胜。

另一方面，充分利用数字媒体等先进技术。相对于传统媒体的技术限制，数字媒体等新技术可以增强新闻报道的生动性。融合新闻将多种媒介形式融合在一起，灵活地运用音频、视频、动画及互动设置等，充分发挥这些元素各自的优点，实现新闻呈现效果的最优化。

（三）用技术代替人工

计算机技术在自动生成新闻报道方面异军突起。新闻自动生成系统常被形象地称为"新闻机器人"，它可以接收犯罪数据、体育赛事数据、灾难数据等结构化信息，并迅速生成新闻稿件。新闻自动生成系统是专门为新闻报道开发的计算机程序，程序开发者设置了新闻报道模板，当接收到结构化信息数据时，该程序会将相关数据分配到新闻报道模板的相应位置，从而自动生成新闻稿件。计算机自动生成的新闻报道是程式化的，其内部结构是事先设置好的，具有同一性和固定性，其变化主要来自具体信息数据。

除了生成稿件，计算机技术在筛选信息、自动编辑、节目直播方面也有不俗表现。例如英国的一个小团队研制的移动新闻阅读器 Summly 的主要功能就是用最简单的形式、最少的时间，把新闻最核心、最关键的信息提取出来呈现给用户。Summly 运用语义分析算法，对新闻内容进行精简处理，精简后的新闻含标题不超过 400 个单词，用户在一两分钟内即可读完一则新闻，了解核心信息。用户快速浏览新闻后，若对内容感兴趣，可以点击链接阅读全文，也可以将内容分享给好友。在内容泛滥的时代，Summly 为用户节省了宝贵的时间，它所带来的理念更值得我们关注——技术代替人工进行新闻事实信息的提炼。

又如新闻应用 Circa 能够将新闻分解成几个部分，每部分围绕一个要点，其核心内容的呈现基本不超过两屏。用户如果想要了解出处，可以点击原文链接，如果对某条新闻的最新进展感兴趣，可以将这条新闻添加进"Follow"列表，当相关事件出现最新进展时，Circa 会及时提醒用户关注。

可见，新闻的生态系统正在进化，文章已不再是新闻的唯一元素，信息的集合、分解、重组和更新方式正在拓展新闻的维度。

第三节　融合新闻中的图片

出于优化传播效果的需要，新闻报道常加入图片作为辅助手段，在互联网上，有的媒体甚至推出了图片新闻栏目，直接用图片讲故事。作为信息传播载体的新闻图片，可以脱离大段文字，只结合标题和简短说明就完整表达意义的存在。新闻图片可以表达文字无法直接表达的内容，直观形象地展示新闻信息，增强新闻的真实感和可信度，让新闻变得容易理解和有趣。数字媒介使新闻图片得以快速生产和传播，也推动了新闻读图时代的来临。

一、新闻图片的分类

（一）新闻照片

摄影技术的普及给记者提供了新的记录事实的方式，这也让受众能够直观地看到新闻现场和新闻人物。摄影不像文字那样存在语言阻碍，同一幅摄影作品，世界各地的人都能够看懂。赫尔马斯·根舍姆曾说过："摄影是世界各地都能够理解的唯一'语言'，它在所有民族和文化之间架起桥梁，维系着人类大家庭。"摄影让更多的人感受到图像的力量，那些直抵人心的瞬间被定格，形成强烈的视觉冲击力，令人难忘。新闻报道之所以广泛使用新闻照片，有主客观两方面的原因。

客观方面，数码技术让摄影变得简单。在胶片相机时代，摄影被当作一种门槛高、耗费大的专业技术。数码相机的问世和普及彻底改变了这种情况。从1981年日本索尼公司率先推出数码相机，到现在摄影走入寻常百姓家，数码摄影器材让一切变得简单。除了单反相机以外，如今大多数人用的手机都是可以拍照的，且成像效果并不输普通相机。手机作为移动终端与互联网相连，是一个在线媒体，是融合媒体的最佳技术载体，用户拍摄完图片即可迅速地将其发布出去，参与社交分享。

主观方面，新闻报道中的图像调动受众的感性理解，带来视觉享受。以报纸为例，在报纸中使用摄影图片，可以美化、活跃版面，强化版面感染力，调节读者的阅读节奏，使阅读新闻不再是一件乏味的事。图片承载的很多信息是文字无法表达的，也是不可替代的，新闻照片是文字的有效补充。

（二）新闻图表

新闻图表是使用数字、文字、图形形象地展示事实信息的视觉呈现形式，主要包括统计图表、新闻地图、新闻仿真图及新闻漫画等样式。新闻图表的功能优势主要体现在整合信息、形象化展示信息等方面。新闻图表体现了逻辑思维与形象思维的完美统一，它灵活运用多种视觉元素，将庞大而又零散的信息有机组合起来，高效、形象、精练地展示新闻事实。

1. 统计图表

统计图表可以分为统计图和统计表。统计图指在数据采集、汇总整理、计算分析的基础上，将统计结果形象地呈现出来的图示，包括柱状图、饼状图、折线图、直方图、散点图、茎叶图、盒形图等类别。统计表指运用文字和数字绘制的表格。统计表的数据整合能力很强，对庞大数据有效汇总、分析计算后提炼出精华，集中展示最有价值的统计结果，最大程度上提高了信息展示的效率。相对而言，统计表的形象化程度不及统计图。为了进一步提高统计图表的生动性、易接受性和趣味性，制图人员可以对统计图表进行形象化处理，将图形与数据结合，添加图画、照片等视觉元素，美化统计图表。

2. 新闻地图

新闻地图是用来呈现新闻事实发生的地理位置及相关信息要点的图示，常用于交通事故、灾难、战争、外交事件、刑事案件、城乡建设等内容的报道。对于一些地理位置因素非常重要的新闻报道来讲，使用新闻地图可以帮助用户清晰地了解事实发生的方位信息。如果不使用新闻地图，而仅仅依靠文字等元素来报道，即便耗费再大的精力可能也无法让用户明白事实发生的地理位置及其重要作用。相比而言，视频和照片虽然能够展示具体的环境，但是若不借助地图，仍然很难展示清楚宏大的地理区域关系。

3. 新闻仿真图

新闻仿真图是在无法获取新闻照片或影像的情况下，根据已知信息，运用三维制图软件制作的模拟新闻图片。新闻仿真图发挥了替补新闻照片的作用，多用于航空、生物、医学、科技、军事等内容的报道。三维虚拟仿真技术在20世纪80年代末开始应用于影视动漫、机械制造、建筑设计及新闻报道领域。新闻仿真图的制作同样需要前期采集信息，但是与普通新闻采访注重采集事件信息、人物语言、生动细节等不同，为绘制仿真图而展开的采访需要重点掌握地形、地貌、距离、线路等信息。新闻仿真图的制作要注意简洁清晰，一定要围绕中心事件进行构思、构图，集中力量清晰地展现关键新闻事实。

4. 新闻漫画

新闻漫画指对新近发生的事实进行传播或评论的漫画，要具有新闻价值，同时要遵循漫画创作的规律，是一种形象化的新闻传播手段。新闻漫画既能以漫画这一艺术形式传播新闻事实信息，又能对新闻事实发表形象化的评论。

漫画常采用夸张的形式传达信息、发表意见，其对新闻专业规范的遵守与日常新闻有一定的区别。新闻漫画除了摄影、文字均具备的报道功能外，还常常融合了评论功能，且往往重评论甚于报道。新闻漫画具有视觉美感，形象生动，幽默讽刺效果明显，在评议事实方面往往能够给读者带来愉悦的体验，因而深受人们喜爱。

二、图片新闻的文字部分

（一）拟定标题

图片新闻标题主要有两方面作用：突出图片新闻主题，降低图片新闻理解难度。标题的长短影响读者的阅读心理和对标题信息的接收。实验证明，人只有在眼球不动时才能看清文字。据统计，对 4 至 6 字的标题，人可以在眼球不动的情况下完整读取。标题越长，眼球移动的次数越多，读者的视线在标题上停留的时间越长，标题的易读性随之下降。据此可知，图片新闻标题不宜过长，短小精干、有力量的标题才能吸引用户的注意。

在尽可能缩短标题的基础上，再考虑制作实题还是虚题。

实题主要向读者交代镜头所要反映的最重要的新闻要素。面对静态的新闻图像，观者只能看到某一瞬间的场景，因此标题必须要交代更多的新闻要素，让读者在最短的时间内获取新闻事实，降低理解难度。

虚题通常饱含感情，或着眼于说理，以提炼、升华作品主题。在新闻图片事实信息量已经足够大，而图片本身还蕴含着更重要的思想情感时，标题就应该用虚题。

（二）文本写作

图片新闻文本写作应当秉持一个总的原则：真实、准确地补充新闻图片所无法直接呈现的新闻要素。

图片新闻的文本应当做到与图片呼应。新闻文本和新闻图片各有所长，新闻图片直观、具体；新闻文本交代详细的背景、细节，解析深刻的内涵和思想。新闻报道将文字与图片相结合，能增强读者阅读新闻的体验；抽象的文字和直观的图片互为阐发，使读者在理解文字和浏览图片的过程中深入感知新闻现场。这就要求新闻文本和图片之间相互呼应，以便读者理解并加深印象。

图片新闻的文本应简明扼要。图片新闻的文本就像文字新闻的导语，要以最少的字数突出图片记录的最重要的事情，包含必要的新闻要素。这要求作者有较强的新闻敏感性和较高的表达技巧，能紧紧抓住新闻事实的特点。在写图片新闻的文本时，要尽量斟酌词句，提取核心信息，摒弃不必要的词。正如好的新闻导语就是一则独立的新闻，图片、文本也应力求能够独立成篇。

图片新闻的文本可以大胆创新。新闻图片的文字说明还可以大胆创新，像人物对话、画外音、诗配图、一句话新闻等形式均可采用，但要注意精选角度，挖掘深度，文字活泼，切实诠释出图片的深刻内涵。

三、图片新闻赏析

（一）《跨越边境的爱》（见图 7—1）[①]

由于新冠疫情，瑞士从 2020 年 3 月 16 日持续到 6 月 15 日自第二次世界大战以来首次关闭边境。在 Riehen 和 Kreuzlingen 这样的城镇，几十年来，居民几乎没有注意到与德国的边界，而是自由地通行。然而疫情期间，路障标明了不应该越过的边界。在一些地方，这些障碍阻隔了原本的日常交往。尽管如此，许多人还是找到了与所爱的人见面的独特方式。新闻图片《跨越边境的爱》以一个独特的视角展示了疫情下的温情，同时也让我们感受到疫情带来的挑战。

图 7—1　《跨越边境的爱》

（二）《哈比比》（见图 7—2）[②]

在巴勒斯坦拉马拉附近的 Kobar，Naelal-Barghouthi 的西装仍然挂在他的

---

① 第 64 届荷塞奖"一般新闻组照"二等奖获奖作品。
② 第 64 届荷赛奖"年度最佳故事"提名作品。

卧室里。Barghouthi 在 1978 年反以色列突击队行动后被捕，于 2011 年获释并与妻子 Iman Nafi 结婚，但在 2014 年再次被捕并被判处终身监禁。他在监狱里待了 40 多年，是以色列监狱里服刑时间最长的巴勒斯坦囚犯。图片标题"哈比比"（Habibi）是一则虚题，它在阿拉伯语中的意思是"我的爱"。照片展现了以现代历史上最长、最复杂的冲突为背景的爱情故事，摄影师的目的是反映巴以冲突对巴勒斯坦人民的家庭日常生活的影响。摄影师选择的焦点不是战争场面和武器，而是在冲突地区人们日常生活的画面。

图 7-2　《哈比比》

（三）《失踪者最后的衣着》（见图 7-3）①

《失踪者最后的衣着》没有任何人物、景物，由 12 幅服装照片组成，其中有脏乱的儿童短袖短裤、年轻女性的内衣和长裤、中年男人的服装、青年的街头着装等，也有破损到无法辨别的着装。文字说明将 12 幅照片联系在一起，使报道叙事完整。标题《失踪者最后的衣着》表明每一幅图片都象征着一个逝去的生命，让人顿时有压抑沉重之感。总的文字说明为："中美洲北部三角地区（危地马拉、萨尔瓦多和洪都拉斯）是世界上最危险的地区之一。很多时

---

① 第 57 届荷赛奖"日常生活组照"一等奖获奖作品。

候，死者的衣着成为唯一能辨认他们身份的东西。所有照片拍摄日期均为2013 年 8 月 10 日。"这段文字详细阐述了新闻组照的主题，交代了背景及内容。各照片的文字说明则交代了尸体被发现的日期、尸检推测的死亡时间、死亡地点、性别、年龄及失踪事件。每张照片背后都有着不同的故事，但都指向"世界上最危险的地方之一"这一核心主题，表达出对逝去生命的惋惜，可以有效引起世界对该地区的关注。

图 7-3 《失踪者最后的衣着》之一

第四节 融合新闻中的数据

使用数据来发现和讲述报道并不是一个新概念。20 世纪 60 年代，美国新闻业兴起的精确新闻报道，主要依托问卷调查、民意测验等方式来获取数据，并对这些数据进行通俗解读，做出报道。这是数据新闻的前身。

真正意义上的数据新闻的产生与大数据的出现密切相关。"大数据"概念最早源于 20 世纪 80 年代，但真正产生影响力是在 2011 年 5 月麦肯锡全球研究所发表专门研究报告《大数据：下一个创新、竞争和生产率的前沿》之后。大数据技术对现有的新闻生产模式与机制产生重要影响，使新闻出现新的类型——趋势预测性新闻、数据驱动型深度报道等。

大数据时代，人类的行为模式被互联网、物联网，甚至是摄像机、照相机等各种机器记录下来，传递到互联网上。人们上网浏览都会留下"足迹"，而

这些"足迹"都会被互联网记录下来；对一位受众一定时间内在固定 IP 上的浏览数据进行分析，便可获知其上网习惯、爱好等。

个人、群体、企业等每天都在生产大量的数据，利用大数据技术对这些数据进行提取、转换、整合、分析，往往能够获得各种出人意料的信息。媒体的数据新闻就通过迅速地找到关键数据，分析数据并指导读者通过数据来分析事件的原因和深层意义。如今各种在线数据工具均有助于实现数据的可视化，使数据新闻得到直观呈现。

一、数据新闻的"双金字塔"结构

布拉德肖依照传统新闻学的"倒金字塔"结构理论，提出了数据新闻的"双金字塔"结构（如图 7-4 所示）。

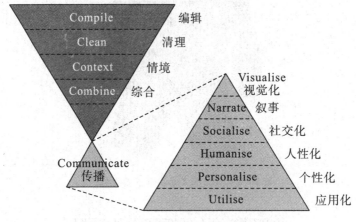

图 7-4 数据新闻的"双金学塔"结构

倒金字塔自上而下是编辑、清理、情景和综合，通过传播形成的正金字塔自上而下则是视觉化、叙事、社交化、人性化、个性化、应用化。数据新闻的生产要把原始数据的分析放入具体的新闻情景中，通过可视化、互动化的形式来呈现；如果能够为用户提供搜索、参与等个性化服务则传播效果更佳。

二、数据收集

数据收集的方式主要有主动和被动两种。主动收集往往采取"众包"的形式。通常的做法是设计一个在线调查问卷或者在线互动方式，发挥社会公众的力量收集新闻报道所需要的数据。在数据获取不那么便利时，这是一个极具可操作性的方法。被动收集是指直接通过网络专用数据端口、数据中心以及其他数据站点获得数据，这些数据往往是已经公布的社会调查、研究数据等。

三、数据处理

数据处理通过一些专门的软件来完成，将冗余信息过滤掉，留下数据新闻报道需要的高质量数据，并发现其中的规律或意义。

记者面对海量数据时，首先应评估数据的质量，认真考察诸如数据来源是否可靠，时效性及实效性如何，出于何种目的、采用何种方法收集而来，围绕怎样的主题，基于这些分析，选择高质量数据。一般来说，数据新闻更加强调对既有数据本身的深度挖掘，更加重视对数据的研究和数据可视化，而容易忽略报道层面的新闻价值。实际上，数据新闻要引起公众的普遍关注和阅读兴趣，仍要充分考虑新闻的时效性，考虑推出数据新闻的时机。还必须明确数据来源，让用户在阅读数据新闻时能够溯源。这是新闻真实性原则的要求。

其次，数据新闻的真正价值在于"数据洞察"，即通过数据挖掘和数据可视化，帮助用户发现和理解那些可能被忽略的事实真相。数据新闻报道不能仅仅满足于告诉用户"是什么"，还要启发用户去思考"为什么"。

最后，在明确以上问题后，对数据进行处理，通过设置特定的程序将数据转换为统一格式并计算分析数据。需要注意，在分析数据时，并非使用的数据越多越好，关键在于数据能否为讲好故事服务；同时要注意在完成数据运算后，对结果进行检验。

一些运作较为成熟的数据新闻一般会使用"应用追踪表"，在最初进行可视化设计的时候就考虑到实时性问题，为未来的更新、后续报道及实时动态数据展示预留窗口。

四、数据可视化

可视化是目前数据新闻的主要呈现方式。在制作数据图形时应着重强调信息呈现的简明性，使用尽可能少的图形元素，以保持画面干净和清晰。为实现这一目标，在决定图表形式时，要给经分析的数据信息分模块、分层次，再按所分模块、层次制作图表，每个图表表达一个方面，而不是将所有信息塞进一张大图。

斯坦福大学的研究人员爱德华·谢格尔和杰弗里·希尔提出了数据可视化的三种模式：

（1）马提尼杯结构。这种结构形状类似酒杯，其数据的可视化从记者建立的数据背景展示开始，然后向用户开放多个与数据互动的路径。

（2）互动幻灯片。这种类型的可视化从记者列出的多张图表开始，用户可在多幅并列图表中选择自己想要探究的重点。为便于用户浏览，可附加一条时间线或目录。

（3）挖掘式报道。这种类型的数据可视化先给数据提出一个总的主题，然后为用户提供机会去探究具体的细节或背景。

最有效的数据报道围绕要点展开，让用户有机会探究数据，而又不至于偏离主要报道太远。记者要引导用户，但同时要给用户提供选择的机会——在何处停下，更深入地挖掘信息。

第五节　融合新闻中的音频

声音能够为报道提供单独用文字提供不了的信息，比如，通过语音语调传递出说话者的情感，为受众提供情境细节，让受众更好地理解新闻报道。

音频新闻就是利用声音手段对新近或正在发生的事实进行的报道，它既可以是一般的口播新闻，也可以是包含了各种音响效果的音频报道。在融合媒体环境下，音频新闻不仅可以重复播放和收听，而且能够与其他新闻形式相结合，成为融合报道中的必要元素。音频新闻利用语言和实况音响的组合，真实、突出地再现客观事件、人物以及场景，通过截取新闻中最富有特征和表现力的声音，表现新闻细节，从而生产出富有立体感的融合新闻作品。

互联网为每一位记者打开了声音应用之门，记者可以将新闻做成播客，内容可以包括采访、音频报道、记者评论、新闻分析，甚至是一段完整的新闻广播。这种音频新闻形式不仅内容范围大大扩展，而且方便受众自行决定何时何地收听。除了播客外，记者还可以将采访中的声音片段嵌入网络文字报道中，让受众有机会听到比文字报道更详细、真切的内容。

一、音频的作用

（一）补充相关信息

音频新闻与其他形式的新闻常常是从不同角度、不同侧重点对同一新闻事件进行报道，因此，音频新闻可以补充其他形式的新闻中没有的信息。在采访时，征得采访对象同意的情况下，可以对采访对象的讲话进行录音，以备融合报道之需。另外可以采集一些与新闻事件相关的声音作为素材，或者把视频新闻中的音频剥离出来单独使用。这些音频可以作为背景材料用于融合新闻报道。

（二）渲染报道氛围

利用与新闻事件相关的现场音响，可以让人如临其境，产生感同身受的效果，加强新闻报道的真实性。当事人的述说、目击者的讲话等，是一种"证据"，可以增强新闻在真实性方面的说服力。这些录音材料，不一定要制作成完整的新闻，而是以音频形式，在合适的地方整合进融合新闻报道。例如，当文字稿件引用某人说的话时，可以提供一个链接，让受众收听他的谈话的原始录音。与图片一样，音频特别是音乐，可以让人直观感受报道的基本情绪。现在越来越多的融合报道使用背景音乐，背景音乐如果选择恰当，可以形成一种贯穿始终的情绪氛围，让受众沉浸其中。

（三）丰富报道呈现方式

音频主要是利用听觉进行信息传递，在融合报道中适当加入音频文件，能够使融合报道的内容呈现方式更加丰富。

目前在媒体的转型和变革中，不少传统纸媒纷纷开始试水音频新闻。例如《钱江晚报》从 2015 年 1 月 23 日开始与网络电台"蜻蜓 FM"合作，尝试通过音频新闻和自制节目搭建"钱江晚报专区"，实现"用耳朵听钱报"的目标。《钱江晚报》在蜻蜓 FM 开设的专区，非常符合现在中青年群体的使用习惯，他们可以在上下班路上、睡觉之前等时段，选择自己喜爱的节目进行收听。经过四个月的运营，每天至少有 5 万人会固定收听"钱江晚报专区"的新闻内容，且用户数量呈几何式增长。在产品制作、人员构成以及市场推广方面，《钱江晚报》也进行了周密的布局和安排。各部门的记者、评论员中的许多人都曾参与过节目录制，形成跨媒体平台。

二、音频的形式

音频报道可以采用以下三种形式：

（1）音频节目包（audio package），包括记者叙述、自然的或周围的声音和同期声。

（2）播音员播报音频（audio reader），这是没有同期声叙述的新闻，由播音员或主持人播读。

（3）音频环绕（audio wrap-around），它将对新闻事件的叙述以及简短的同期声结合在一起。

任何一种音频形式都可以对一个新闻事件的报道进行简要而有效的总结，也是很好的写作和组织信息的模式。无论采取何种形式，音频新闻的目的都是让信息被听到而不是被读出来。记者必须确定声音的运用是否会让受众受益。仅仅被记者记录的声音并不意味着值得使用。若要让受众过度费力地去确定音频中所说的内容是什么，这样的声音就是无用的，因为声音让受众分心了而不是帮助他们理解新闻。如果声音超越了文字报道，激发受众产生额外的洞察力，那么它就丰富了向受众提供的事实信息，就是值得使用的。

三、音频新闻的生产

（一）音频采集

构架和编写一则音频报道时，应该从采集同期声开始。同期声通常是音频新闻的基石，随后的叙述围绕同期声展开。但同期声不宜过长，所选同期声应能增加报道可信度，体现事件基调或情绪，可以解释人物行为或新闻事件重要性。此处特别强调同期声的简洁——如果同期声太长，则会显得啰嗦，以至于受众丧失耐心；然而也不能太短，以至于没有表达出一个完整的意思而令受众困惑。

记者可以用收集影像的方式收集声音，在不同距离、不同背景环境中录制声音。例如自然或者周围环境声音就可以作为音频报道的一个好开端，将受众置于事件现场情景之中。

（二）音频新闻文本撰写

1. 导语写作

导语是将受众导向新闻主体的部分，尽管篇幅不长，却是吸引受众、留住受众的关键。

（1）用导语交代事件梗概。在写作音频新闻导语时，可以综合所要播报的内容，找到核心信息，在把握音频消息主要内容的基础上，以尽量简短的语句讲清楚事情的来龙去脉，尽快抓住听众注意力。

（2）用导语强化现场感。为生动再现新闻事实的现场，在撰写音频新闻文本导语时就要注重现场感。巧妙利用现场声音可以形成强感染力，能使受众如临其境，获得对新闻事件更切实的体会。

2. 主体写作

音频新闻主体部分一般由口播文字和采访录音构成。记者完成采访后需要对必要的现场录音进行剪辑，使其和口播文本和谐交织。在写作音频新闻主体时应当考虑到口播文本和现场录音的穿插，区分哪些内容适合用现场录音，哪些内容适合写成口播文本，两部分应衔接自然。

四、音频新闻案例：《探访大学生就业之路》①

（一）案例简介

系列报道《探访大学生就业之路》由北京人民广播电台策划，调动新闻广播、城市服务管理广播主要记者队伍联合采访、制作完成的。记者在采访过程中深入各高校和社会教育机构，与应届、往届毕业生进行交流，并结合学生普遍存在的就业观念、心理状态、投档应聘等方面的困惑和问题，约请教育专家进行分析和解答，引导大学生形成正确的就业观，让毕业生受益。同时，记者也深入企业、政府机构采访，了解、反映社会对大学毕业生的认识及其原因，深入分析大学生就业这一焦点问题，让大学生就业问题得到社会的进一步关注和重视，促进这一问题得到更好的解决。

报道以"故事＋调查＋分析"的模式展开，以客观公正、积极向上为基调，在摆问题、找原因的同时，总结、归纳出多条解决思路，给大学生提出切实可行的择业引导，也折射出全社会对大学生就业的关注。

第一集《2009，我的工作在哪里？》就摆出 2009 年北京市的大学生面临的严峻就业形势：2009 年大学毕业生总数将达到 21 万人，比 2008 年又多出了8000 多人！随后，话题逐步深入，探访大学生就业的难点，包括"找一份工作需要迈过几道'坎'？""女大学生就业有多难？"等，多角度、多层面地发现问题、追寻根源、寻找答案。随后的《毕业生怎样看待第一份薪水？》《就业的心理压力有多大？》等从心理方面挖掘原因，并为大学生开出心理压力疏导良方。

在大学生就业难这样的话题讨论中，社会层面的问题不容回避。求职信息从何而来？政府的各项就业扶植政策是不是及时到位？企业应不应该帮助大学生获得第一份工作？高校该如何以社会需求为导向，探索和就业有效衔接的人才培养机制？这样的思考一直贯穿系列报道。通过采访，这些问题都得到了令人安心的回答：比如北京市推出了促进大学生就业的 15 项措施，并计划 3 年内建成 100 个校外人才培养基地，开展以促进就业为目的的学习实践活动，帮助毕业生实现从学校到就业的过渡；比如有企业在北京正式启动大学生人才培

① 第二十届中国新闻奖广播系列一等奖获奖作品。2009 年 5 月 18 日北京人民广播电台《北京新闻》栏目首播。

养发展计划，通过有计划的培训，使他们成为企业的骨干力量；比如不少高校已经将就业贯穿大学教育，从学生一入学就开展就业教育，分不同阶段有针对性地进行职业生涯规划、择业心理、就业政策等方面的教育，使学生逐渐积累就业能力。

在《探访大学生就业之路》系列报道中，还有很重要的一部分就是剖析大学生成功就业的经验，给后来者提供有说服力的选择，通过创新思路，为大学生就业开辟新天地。

（二）案例呈现

2009，我的工作在哪里？

每一位即将从大学校门中走出的学生都要回答同一个问题，我的工作在哪里？在回答这个问题时，每个人的答案不尽相同，每个人的感受也都不太一样。在今天播出的《探访大学生就业之路》系列报道中，请听新闻广播记者曹力的报道——2009，我的工作在哪里？

华园，北京交通大学理学院的一名大四学生。尽管已经拿到了国家广电总局一家下属单位发来的录取通知书，但她那根紧绷了很久的神经却一点也没松下来，四处奔波找工作的一幕幕情景，仍然时不时地在眼前浮现：

［华园：那次面试对我的打击特别大。我记得当时我敲门进去，那个人力资源的人就在里面，进去的时候我说你好，面试官就说你好，然后他就让我自我介绍。我当时想我平时也是一个比较爱说话的人，但是他让我自我介绍的时候我才发现，我当时有点紧张，而且表现得我自己都不满意。所以我当时就感觉肯定没戏。］

就是在这样一次次失落、一次次重新振作中，华园渐渐地接近了目标，在投出了100多份书面简历、七八百份电子简历，参加了四五十场笔试、面试之后，华园找到了工作。

与华园相比，她的校友柴斌辉的求职经历似乎简单了许多，他只向三家公司投了简历，工作问题就解决了。同样是找工作，柴斌辉何以来得如此轻松？

［柴斌辉：大一的时候我就比较努力地锻炼自己的社会工作能力，还有好好学习。在大二的时候一个偶然的机会，就是中国广东核电集团召开它的第三届大学生夏令营活动，在全国邀请了10所高校，我们学校就位列其中，而且我很荣幸地作为31名学生代表之一参加了他们的第三届大学生夏令营活动。从那次以后我就去他们企业了解了他们的企业文化，参

观了他们的一些基地，我就觉得这个企业对我来说它的氛围很好，而且很有发展前景，以后我就树立了去中国广东核电集团的志向。]

记者：也就是说四年前你就惦记上你这个岗位了？

[柴斌辉：对，大二的时候我就觉得这个岗位非常适合我。]

华园和柴斌辉两位同学是幸运的。在北京今年毕业的 21 万大学生中，也有很多人在为找到一份工作付出着努力，一些人有了着落，一些人还在继续地寻找。

2009 年北京高校毕业生的人数比去年多了 8000 多，总数延续了几年以来的上涨趋势。但从增加的幅度上看，与往年相比，今年略有下降。北京高校毕业生就业指导中心主任任占忠认为，增幅的下降并没有改变高校毕业生人数增加的事实。他说，影响就业形势的主要因素，一是毕业人数的浮动，另外就是岗位供给数量的变化。

[任占忠：拿北京市属单位的需求，按同口径，在去年年底时候的统计，降低了有 23%。另外一个就是说，我们组织的毕业生的招聘活动难度加大，比如我们往年都要举办金融类的两场招聘会，2009 年我们到现在一场都没组织起来。]

根据北京高校毕业生就业指导中心的统计，在各种岗位需求变化中，银行、外企和信息产业今年招聘数量缩减最大，其他行业基本与过去相当。任占忠说，大学生的就业压力一直存在，并不是新问题，即使在大学生供不应求时，也有就业压力，只是当前的就业形势的确比较严峻。这种严峻第一表现为供需总量的矛盾，第二是结构性的矛盾，第三是适应性的矛盾。

形势不可改变，能够改变的只有自己。长期从事大学生就业问题研究的王化深教授希望正在面临求职就业的大学生们调整好心态，迈好人生这一步。

[王化深：就业不只是找个工作，要把就业过程或者叫求职过程作为学习过程的延续。第二点应该作为一个锻炼自己的过程。我形象地开过一句玩笑，我说求职和求婚只差一个字，但目标是一致的。你要坦诚、诚实，实心实意去求职，不是说我投一份简历就完了，就等人家来找我来了。为什么要找你？那么多好人呢！跑，问，认真地表现自己。]

毕业生怎样看待第一份薪水？

大学生在求职中希望获得一份稳定同时又能体现自身价值的工作，而最直观的评价标准就是薪水。对于第一份薪水他们有着怎样的预期，又存在哪些误区？毕业生如何才能用正确的态度去衡量自身的价值从而形成健康的求职心态呢？

请听新闻广播记者左天驰的报道：毕业生怎样看待第一份薪水？

小孟是北京城市学院网络信息专业的应届毕业生，从大三就开始为求职做准备：

[小孟：大三的时候参加完一个职业培训机构的学习，大四上学期当时就是为了锻炼面试，于是我投简历，也算海投吧，投了60份，面试了七家。]

大四下学期，她成功受到一家著名教育培训机构的邀请去做兼职，用人方给出了第一份薪水的数字，来征求她的意见。

[小孟：谈工资的时候老板说工资可能不高，他说1500，说你考虑一下后给我答复，如果你现在就能答复，合同就能签。]

月薪1500元相对于目前大学毕业生第一份收入的平均水平是个什么概念呢？麦可思教育数据咨询公司的王伯庆博士长期从事毕业生薪酬的统计研究，他给出了2008年全国应届毕业生工作半年后的薪酬平均数据：

[王伯庆：211院校的月收入2549元，非211院校的本科毕业生为2030元，高职高专毕业生为1647元。这是全国平均水平。]

面对1500元的工资，小孟做出了选择：

[小孟：当时就答应了。我很了解自己，我现在技能有了，但是缺乏的是经验，这不仅仅是1500元工资的问题，那些无形的价值，管理方面的经验，我觉得这也是学习的最好机会。我希望我在工作中积累经验，证明了我的价值，然后再要求我的薪金。]

然而并不是所有的毕业生都能像小孟这样有清醒的职业规划和目标。中国农业大学心理咨询中心的宋京晶老师从事就业心理指导10年之久，她告诉记者，目前应届毕业生在对自己第一份工作的认识上存在着一些误区：

[宋京晶：一个是功利心特别强，想当然我应该怎么样，然后马上去把它实现，盲目跟风，缺乏生涯规划。过一天就过一天，一天到晚也很忙，老师说明天考试那我准备考试，社团让我去开会我就去开会。等到忙到大四了，大家要都考研我也跟着考研，大家要都出国我也跟着出国，大家都挤独木桥我也挤独木桥，那挤过去又怎样呢？你还得去大海里游泳，迟早要走这一步。要干什么，就很茫然了，他就没有办法去选择。]

宋京晶建议大学生应该尽早对自己的未来做出规划，未雨绸缪，同时理性看待自己的第一份工作，把目光放长远。

[宋京晶：不再把对自己的价值评判维系在对薪酬的预期，而是把整个人的一生作为完整的系统来看。那有的学生会说我就要挣大钱，那你就去找能够实现你这一个目标的途径，让你自己能够达到去跟别人伸手要这3000或5000元的这个水平。这样他的关注重点就从"我值多少钱"变成了"我能够做什么"。]

这样的说法也得到了用人单位的认可，光线传媒集团总裁王长田告诉记者，用人单位会量体裁衣，对毕业生的价值做出正确判断。

[王长田：勤奋、努力这是最重要的，第二就是学习能力，你必须适应这种文化和通常的一些做法和一些道德准则。收入，多数的民营公司都是按市场规律办事，你干得好毫无疑问可以得到更高的收入，因为亏待了你就意味着你可能不稳定不认真工作甚至走人，对企业的影响是相当大的，企业是有损失的，招聘、培训都是要成本的，不会轻易放弃成本说你爱走就走。这样的企业当然也不值得你去待。]

而科学研究数据也显示，毕业生进入职场后薪酬的涨跌，与第一份薪水毫不相干。王伯庆博士说：

[王伯庆：一旦进入企业拿到了第一份工资，薪水的提高速度就和原来来自什么学校、学历没什么关系了，取决于你在企业的表现。根据我们的研究以后的薪水提高取决于大学毕业生的个人素质，你进入角色职业的素质越高，会动脑筋解决问题，这样的人就会升迁很快。]

兼职了半年的小孟要毕业了，她决定离开之前的公司，进入一家专门做网络营销的公司。她告诉记者，这个选择经过了慎重的思考，第一份工作给了她经验，她在整个职业规划当中又多了一些资本。

[小孟：我也在想，我到底适不适合教育行业，我应当在网络营销领域做出一定成绩，我能创造什么价值，我现在能这样说了，但是以后还是一个学习的机会，同时还是得成长。]

第一份工作经验怎么来?

"缺乏工作经验"是很多大学生在求职时被用人单位拒绝的理由之一，但如果各行各业都不愿意付出培训成本，大学生的第一份工作经验怎么才能得到呢？大学生就业如今已成为全社会关注的问题，企业是否也应该贡献一份力量？

请听新闻广播记者尔康的报道：第一份工作经验怎么来？

从小学到中学再到大学，当这些从未迈出校门的莘莘学子满怀信心和梦想终于走出校门时，却发现想要得到工作，必须先有工作经验，用人单位开出这样一个似乎因果颠倒的招聘条件，确实让不少应届大学毕业生隔岸兴叹：

[看完了肯定不行，就转头走了。不会给你一个面试的机会。有些不公平，感觉有点不服气，从心里边。]

一家用人单位的管理人员说他们真的很无奈：

[培养一个人，需要有很多精力、资金方面的投入。他没有工作经验，我们好不容易培养出来，他如果再离职的话，我们就会有损失的。]

于是工作经验仿佛是王母娘娘用玉簪划出的天河，让大学生和就业岗位天各一方：

[如果你自己之前有想法、有努力、有真正的实践的话，是不会造成大四这种焦头烂额的局面的。]

这是用人单位对大学生的期望。于是不少大学生为获得工作经验开始八仙过海各显其能，大一、大二开始，打工的打工、实习的实习，结果呢到头来才发现那获得的不过是人生体验而不是工作经验：

[打工很难找到一个对口的专业，通过这个来促使我有一些实际工作经验。]

不少从事就业指导的专业人员认为，单靠大学生自己去获得工作经验太不现实了，北京工业设计促进中心研发设计部主管王果儿就是其中的一位。她说，所以从2006年开始，在北京市团委的指导下，在她这里成立了大学生实习基地，不仅对大一、大二的学生进行培训，更主要是帮助大三和大四的学生：

[组织学生以学员和实训的方式进到企业，用我们的说法就是先打入企业内部。企业只是拿项目，让他跟着项目团队参与就可以了，基础的费用我们来承担。是通过这种方式给他推荐出去。]

政府方面在出资的同时，对用人单位也提出了要求：

[我们要做就业指导讲座，你给我出你的设计总监、经理人。我们要进校园开展招聘活动，你要去参加。实际上是通过这样一种交换或合作模式来解决。]

政府方面搭起的这座鹊桥效果是明显的，王果儿说：两年来通过他们指导就业的大学生比例高达93.5%，只是人数仅为303人。比例很高、人数有限、效果明显、规模不大，可以说是实习基地的现状。所以很多大学生还是希望用人单位能真正起到帮助大学生的作用，因为这应该是他们社会责任的一部分：

［我认为企业在这个社会上是一个很庞大的群体。如果一个公司愿意培养我们的话，我认为这个公司有一定的社会责任感，也是胸怀比较博大的公司。］

今年5月6日，万千百货在北京正式启动新动力大学生人才培养发展计划，计划在2009年到2011年招聘2200名大学生，并通过有计划的培训，使他们成为企业的骨干力量，甚至是管理精英。万千百货人力资源部经理张学海说：

［第一个理由是今年大学生就业确实出现了一定的困难，另外一方面，招聘应届大学毕业生是为了企业的发展做好人才储备，增加企业的核心竞争力。］

对于大学生在培训之后有可能跳槽的情况，张学海这样说：

［那这批人将来可能也是百货业、零售业相关行业的人才，其实我们也是为这个行业储备了不少人才。］

如何不让工作经验成为大学生就业的门槛？一方面学生本人要努力，政府方面要搭建好平台，另一方面各个用人单位也要担负起更多的社会责任，把目光放长远，不要只想吃桃、不想栽树，帮助大学生获得工作经验应该是现代企业高度发展、企业文化高度文明的标志之一。希望有工作经验这一条款在今后发展中会越来越少地出现在企业招聘的告示里，而是融入企业长远发展的规划里、树立企业形象的企业文化中。

（三）案例效果

2009年，北京市大学毕业生总数达21万人，超过以往任何一年，加上国际金融危机的严重影响，棘手的大学生就业问题再次凸显出来。在全社会都用关切的目光注视着这一焦点问题的时候，北京人民广播电台组织多路记者采写了系列报道《探访大学生就业之路》，多视角透视了这一社会问题。在这组报道中，记者对多个对象的采访做了人声处理，而口播文字部分，则是将这些录音内容连接起来最终形成的报道。在摆问题、找原因的同时，总结、归纳出多条解决问题的办法和思路，在关键时候给大学生提出了切实可行的就业引导，展现了北京电台作为主流媒体的社会责任。

作品播出时正值大学生毕业前夕，在学生、家长、高校、社会中都引起了关注，引发思考，不少听众以电话、邮件等方式对这次报道给予充分肯定，可以说该系列报道发挥了正面引导大学生就业的良好社会效益。

第六节　融合新闻中的视频

一、视频的优势

首先，视频不是静态的，它是运动的画面，是描绘动作的影像，这就使得视频具备了其最大的优势——形象。在所有媒介元素中，视频最容易被看懂和接受。与文字不同，视频接受是最不需要想象力的媒介接触活动，受众可以直观其内容。其次，视频能够显示某事是如何发生的、在哪里发生的，或某事是如何起作用的，能够如实且直观地记录人物及其行动。再次，对大多数网络新闻报道来讲，视频的制作并不太复杂，一些简单的视频往往就能够诉说丰富的内容，胜过很多煞费苦心撰写出来的文字。最后，视频是一种具有超强融合能力的媒介元素，能够将文字、图片、音频等媒介元素融合成一个有机整体。

二、视频新闻的生产

（一）视频采集

1. 三分法的使用

用两条水平线和两条垂直线将视频取景框的长和宽三等分，得到一个"井"字网格，视频取景的"最有效点"就在线条交叉的地方。把拍摄对象置于"最有效点"上，可以吸引并维持观看者的注意力。

高清电视出现之前，取景框的长宽比是3∶4，现在是16∶9，范围宽广了很多。这意味着拍摄视频时更要注意运用三分法，在选取机位和拍摄角度时依照三分法，最大限度选取有用信息，避开无效背景。

2. 摄影机的移动

摄影机的移动主要有三种方式：

（1）摇摄——将摄影机从左到右或者从右到左移动。

（2）变焦拍摄——从远景到近景或者从近景到远景移动摄影机或改变焦距。

（3）俯仰拍摄——从顶部到底部或者从底部到顶部移动摄影机。

如果摄影机不得不随着拍摄对象的行动而运动，并且拍摄的对象就要出取景框了，那么摇摄和跟摄就是正确的。如果为了显示在前景中发生的事情与现场或背景的关系，就可以进行变焦拍摄。如果要展示报道的高大或与垂直空间的关系，就可以用俯仰拍摄。运用摇摄、变焦拍摄或俯仰拍摄时，需要足够缓慢，以便让焦点落在报道的对象上，而不是盲目追摄，结果仅体现出摄影机的运动。对报道焦点的运动做出预判极为重要，以现在的技术，可以在拍摄对象进入取景框之前设置好对焦方式，让焦点追随拍摄对象直到其移出取景框。

虽然推、拉、摇、移、跟等能带来镜头表达的变化，但是在新闻拍摄中，除特殊情况外，还是建议多采用固定镜头。从影像质量的角度讲，固定镜头拍摄的画面更加清晰、稳定；如果没有足够的把握，从镜头画面的表达效率来讲，多使用固定镜头能够加快新闻表达的节奏，在相同的时间内传达更多的新闻信息。

3. 景别与景深

记者可以采用全景、中景、近景或特写镜头从不同角度去拍摄。合理应用景别与景深的变化，可以从不同层面描绘和再现现实，体现新闻事实的多面性。

4. 声画一体

视频采集具有声画一体的特征，所以在采集图像的同时还要兼顾对声音的采集。仅重视影像本身并不能制作出优秀的视频产品。在制作视频时，捕捉可以理解的、有意义的声音与拍摄画面同样重要。声音采集的保障是单独的收音设备，例如可以使用线式麦克风捕捉采访的声音。

5. 采集设备多样化

专业摄像机是电视台等专业媒体采集视频的重要设备，能够拍摄高质量的影像。普通数码摄像机便于携带和操作，采集到的图像质量也比较高。具有摄像功能的平板电脑、手机等更是方便了随时采集录像，极大地提升了视频采集效率。手机在采集视频方面的便捷性尤其值得称道，手机配上自拍杆甚至成了全国两会报道的一道风景。

（二）视频新闻中的文本

视频新闻文本不仅包括电视新闻报道词、解说词、人物同期声字幕以及现场音响等语言符号和非语言符号，还包括为配合报道制作的各种图表等。

解说主要通过文字对事件、人物或相关事物进行叙述、描述，使观众在观看视频画面时进一步了解画面之外的内容。视频解说词的主要作用在于突出其真实性和现场感。人物同期声反映人物个性，凸显新闻事件的气氛，体现真实的采访过程。在新闻视频中最好为同期声加入字幕，因为受访者语速过快或者使用方言、现场杂音等都会影响受众理解语意。

视频新闻中的文本录音与图像最基本的关系是"声画合一"，具体而言有三层含义：一是文本录音要依托画面信息，二是文本录音不能重复画面的信息，三是文本录音要升华画面信息。文本录音与画面信息发挥各自的功能，相互补充、互相支撑、形成照应，才能充分发挥视频的表现力。

（三）视频新闻的结构

1. 标题

标题是新闻的"眼睛"，各种类型的新闻都需要标题，视频新闻亦不例外。视频新闻的标题要能表达和突出主题。

2. 导语

（1）概述式导语用简单直白的语言概括视频新闻的内容。

（2）设问式导语在视频播出前设置一个问题，引起观众的好奇心，让观众带着疑问到新闻中去找答案。

（3）描述式导语在视频播放之前用文字对即将播出的新闻提前进行场景描述，以便观众更快地接受并理解新闻内容。

3. 主体

主体是视频新闻的核心，剪辑视频新闻主体时，应充分运用现场画面、现场音响和现场同期声的实况来组织安排报道内容。现场实况占据主导地位，报道词次之；解说词不宜过长，要跟上画面节奏，对画面进行解说，或者交代必要的背景信息，让观众了解更多的信息。

需要注意的是，记者在采访拍摄时，由于受到现场环境和条件的影响，拍摄画面有可能模糊晃动，但在剪辑时，为了实景和实况的连贯，包含重要信息、体现新闻真实性的画面，即使拍摄质量不高也应该保留。同期声也一样，由于采访对象的发音习惯和现场干扰，同期声有可能难以听辨，却是原生态的新闻事实，也应保留。

第七节　融合新闻中的超链接

超链接又称链接，是指从网页的某个位置连接到另外一个目标，这个目标可以是另外一个网站，也可以是本网站的另外一个位置，还可以是一个文件或者程序。存放超链接的页面是源页面，链接指向的页面是目标页面。超链接把各种资源链接成信息之网，没有超链接就没有互联网。

超链接在融合新闻报道中同样具有举足轻重的作用。一篇报道在媒体网站内部有链接，同时也链接向其他网站，又将其他网站的相关信息链接到这篇报道，有助于搜索引擎的优化。所谓搜索引擎优化（SEO，Search Engine Optimization）指用户通过搜索引擎发现的材料位于搜索结果页面靠前的位置，而不是淹没在很少有人查看的非常靠后的位置。

一、超链接的作用

（一）参考文献功能

从写作形式上看，新闻报道并不需要标注参考文献，这样更加简洁，却使得受众很难继续对某一感兴趣的信息或问题追根溯源，进行更为深入的探究。

超链接实现了参考文献的功能，它同时满足了呈现形式的简洁要求和用户深入研读的需求。用户首先看到的是一篇完整的新闻报道，它没有烦琐的表现形式，提高了表达效率，而有兴趣的读者则可以点击超链接进入其他页面继续阅读相关或更深入的内容。

（二）链接古今中外，延长新闻生命

超链接使得一篇新闻报道能够与过去的报道、资料相连接，并能够延伸到未来——现在的报道有可能被未来的某个新闻报道链接，成为未来报道的背景资料。超链接使得新闻报道得以在过去、现在、将来，国内、国际穿梭，它赋予新闻更强的活力，延长了新闻的生命，增强了新闻的文献价值。

（三）改变新闻叙事方式

传统新闻报道通常是单一的、孤立的。在传统媒体条件下，不同报道之间就算有联系，也是基于同一报道主题叙事的需要，它是迫于事件进程、采访调查、篇幅时段等限制而对同一新闻事实的切割，并不能够与其他主题的稿件灵活链接，仍然逃不了孤立的特性。可以说传统新闻是线性的，而不是立体的；是封闭的，而不是开放的。

超链接改变了传统的新闻叙事方式，使得新闻报道不再是孤立的、线性的、封闭的，而变成了联系的、立体的、开放的。超链接提供了更加广阔的背景，使得新闻报道变成一个更加开放的体系，同时也使得新闻内容更加丰富。

二、超链接的应用

超链接的建立表明了源页面对目标页面的肯定，一个超链接就代表一次投票，外部网页链接得越多，越能展示其价值，这会直接影响到搜索引擎优化。通过分析页面间的链接关系，搜索引擎能够找到比较重要的新闻报道。为优化搜索引擎，提高新闻报道的曝光量，融合新闻报道在运用超链接技术时，应该加强两方面的操作：一是高度重视内部链接，二是积极寻求外部链接。

（一）内部链接

内部链接指网站内部页面之间或同一页面不同位置之间的链接。之所以要

重视内部链接，是因为：首先当链接指向网站内部时可以保留用户注意力资源；其次，从搜索引擎优化角度来看，链接导向内部页面可以增加目标页面的主题相关性和链接权重，帮助提升搜索排名，从而将更多的用户吸引到该网站上来。

链接本身代表了一种信任关系，一个页面能被链接，说明这个页面的内容受到对方信任。链接的内容范围非常广泛，融合媒体平台必须具备足够雄厚的新闻基础，才能够保证链接仅在网站内部就得到解决，因此内部链接要求融合媒体平台拥有高质量的报道基础，否则链接指向就会因为不能为用户提供优质新闻服务而失去实用价值。从这个意义上讲，网站内部可以提供充分的链接保障，说明这个媒介平台具有稳固、优良的新闻传播基础，拥有一个强大的新闻数据库作为支撑。

此外，虽然搜索引擎对每个新闻页面内部链接的数量是有限制的，但对于绝大多数融合媒体新闻报道来讲，这个数量其实完全够用，一个新闻页面通常不会也不必有那么多超链接。

（二）外部链接

外部链接指网站与网站页面之间的链接关系；寻求外部链接是指融合新闻报道要争取被更多的外部网站链接。在一定范围内被更多的外部网站链接，说明融合新闻报道得到更多网站的认可，搜索引擎也会根据这些外部链接的数量和质量来判断其价值，从而实现搜索引擎的优化，给予更好的搜索排名。

寻求外部链接远比设置内部链接困难得多，因为内部链接由媒体自己决定，具有极强的可操控性，而外部链接则是由别的媒体决定，具有极强的不可预料性和不可控制性。

想要增加外部链接数量，最根本的办法是提升新闻报道的质量。若单从技术层面看，通过优化搜索引擎的方式增加外部链接数量的方式有分类目录、交换链接、链接诱饵三种。但这三种方式并不太适合融合新闻报道。分类目录指采用人工收集网站的方式，把网址链接收集并整理到一个目录文档里。交换链接多指不同的网站互相链接，如我们经常在网站页底看到的"友情链接"。这两种链接方式主要针对网站整体。链接诱饵主要是指通过软文、网络广告、共享软件等诱导用户点击，这种方式常用于商业网站，用户体验并不好。因此，融合新闻报道寻求外部链接的关键还是内容的权威和吸引力。

此外，要增加外部链接还必须重视用户参与。用户参与创造内容、发表评论意见、分享新闻页面，会将融合新闻报道外部链接不断扩散，形成裂变式传播，这是扩大外部链接的有效方法。

第八节　融合新闻的互动与社交分享

一、互动

新媒体技术的发展让新闻传播的互动性更强，让受众参与新闻的积极性更高，在这种背景下的新闻写作要注重与受众之间的互动。新闻写作要做到心中有受众，有新闻服务意识，要针对当下的社会热点展开深度剖析，加深新闻内涵，让受众能够通过阅读反思事件背后的道理。要选择好的新闻话题，具备灵活的应变能力，及时回应受众关注的热点话题。

融合新闻互动化是未来新闻媒体实践的主要发展方向之一。通常来讲，互动作品都带有一定的未完成性，需要用户去填补空白，用户填补的过程就是用户参与作品创作、体验作品内容的过程。想要真正实现用户的沉浸式体验，融合新闻作品互动化将是必要途径之一。

从理论上看来，新媒体时代，融合新闻写作特别体现用户思维和产品思维。产品不同于作品，它更加强调对流量的追求，而流量在很大程度上取决于用户的使用与反馈。互动作品可以带给用户沉浸式的新闻体验，提升用户的使用频率与满足程度，从而达到提升用户反馈的作用，因此可以认为互动作品或许是未来融合新闻作品的主要创作方向之一。

但目前，互动还存在不少问题，例如互动形式的简单模仿导致作品同质化。因此，媒体在未来的互动新报道中，应当结合作品内容特点，探索最适合的互动形式，从本质上实现创新。其中，H5 界面和短视频生产成本都较低，H5 界面可容纳丰富的交互形式，短视频目前也有合拍、弹幕等互动方式，中小型媒体可以考虑使用 H5 技术或短视频的形式，创作互动化融合新闻作品。虚拟现实技术（VR）和增强现实技术（AR）目前的使用成本和技术难度都较高，难以为中小型媒体所用，但大型主流媒体已经开始尝试使用这些技术进行互动化的融合新闻作品创作，实现感官与行为的双重沉浸。

二、社交分享

分享新闻并不是一件新鲜事：在互联网还不那么发达的时候，报纸或杂志上的好文章就常被剪下，做成剪报，在亲朋好友间传阅；企业会去搜索关于自己以及自己的竞争对手的新闻。在 21 世纪，社交媒体提供的其实就是类似的服务。

新闻与社交具有天然的联系，用户在接受新闻之后有进行社交分享的需求，社交分享自然也成为融合新闻的有机组成部分。基于互联网的社交分享便捷、零成本，社交媒体促进了分享，分享提升了新闻的社会影响力，更进一步，社交分享成为评价融合新闻的重要指标。

在传统媒体时代，在对媒体的评价指标中多少也能窥见社交分享的影子。对于平面媒体，通常会使用发行量、读者调查等方法来评价其业绩；对于广播电台、电视台，则会采用收听/收视率、收听/收视数量、听众/观众调查等指标来评价其业绩。这样的评价体系是社交分享的原始体现。传统媒体时代通常是针对整个媒体的情况展开调查，很少也很难针对某一则新闻报道进行评估——虽然理论上可以采用问卷调查、座谈会等方式收集读者对某一则新闻的看法，但由于日常新闻报道数量很大，实际操作中无法做到准确、及时地进行类似调查，所以每一则新闻的市场反馈在实践中通常是没有办法评估的。

新媒体平台的社交分享则有效解决了上述难题。当用户认为一条新闻值得关注时，就可以便捷地将其同时分享到多个社交平台，社交平台的阅读量、转发量等指标全面反映了用户对具体新闻的关注情况。此外，社交分享不仅从数量上反映了用户对某一条具体新闻的关注情况，同时还能提供更加具体的意见。用户在分享一则新闻的时候，通常还喜欢发表自己的意见，通过文字表述、表情符号等手段表达自己的情感与见解，透露更加详细、更个性化的信息，让媒体深入了解用户的特点和需求。

移动社交媒体的传播模式有效聚合了大众传播、组织传播和人际传播优势，呈现出媒介、社交、服务一体发展的特性。融合新闻也有效聚合了新闻和新媒体产品的内容和技术优势，呈现出信息、互动、服务一体发展的特性。因此，有效利用社交媒体，可以充分发挥其聚合大众传播、组织传播和人际传播于一体的传播优势，实现融合新闻传播范围、传播力度的最大化。

网络媒体的评价指标更加公开透明，用户的分享是公开、具体的，点击量、跟帖量、点赞量等指标通常直接向所有用户开放。运营者可以实时监测一则新闻的分享量，记者可以了解自己创作的作品的热门程度，外界也可以直接查看分享数据，对新闻报道进行分析，从而获得在选题方向、产品制作技巧、传播方式等方面的经验。

罗特希·巴尔加瓦（Rohit Bhargava）提出了社交媒体优化的五条规则，分别是：创建共享内容，让共享容易，奖励参与，主动共享内容，鼓励混搭。当记者将社交媒体优化作为一种帮助受众获取信息的工具时，这五条规则具有指导性作用。具体到融媒体新闻写作领域，创建共享内容意味着采用用户愿意去读、去看、去听的所有元素来制作新闻；让共享容易，意味着内容应短小精练，易于在社交平台传播；奖励参与，即对关注、转发、评论、点赞等社交分享行为予以奖励；主动共享内容、鼓励混搭与用户参与相关，是不同社交媒体平台间的共享。通过社交共享，社交媒体不断完善自己的功能，确立自己的市场定位，最终找到最便捷的方式向用户传递有价值的新闻。

三、社交媒体与融合新闻

应该注重发挥社交媒体的作用，扩大融合新闻产品的影响，强化与新闻用户的互动效果。在互联网平台上运作新闻，无法回避使用社交媒体的问题。利用社交媒体与用户密切交流、开展对话，有利于提升融合新闻的互动效果，因此，应该鼓励新闻工作者积极使用社交媒体。

社交媒体在带来新的生产模式和分发模式的同时，也给新闻产品本身带来了诸多变化。传统意义上的新闻依然重要，但在社交媒体里，新闻的重要性正在让位于知识。因此，扩展对新闻的理解，将单一的新闻生产转变成知识生产很有必要。知识产品的新闻特征比较弱，但也正因为这一点，其生命周期延长了，知识类新闻产品的传播价值可以持续更长时间。

微信团队发布的数据证明了社交媒体中知识类产品的重要性。从微信公众号文章阅读量排名来看，新闻中的政法新闻排名第三，财经新闻排名第七，其余均为知识产品。这一数据给新闻从业人员敲响了警钟，即在社交媒体中新闻有必要实现转型，努力向知识类产品靠近，在实践中，知识产品型新闻应当由强调时效性转向真实性和新鲜性。这里需要强调的是，弱化时效性并非否定对传播速度的追求，而是指不再凸显文本内容的时间要素，将对新闻时效性的追求转变为对产品持久效力的追求。另外从社交分享的角度看，应当扩宽新闻的边界，重新认识社交媒体中的新闻，将新闻更加宽泛地理解成真实的、新鲜的知识，而不必刻意地将新闻内容局限于"新近或正在发生的事情"。

因为网络的出现、社交媒体的普及，信息产品的知识性特征越明显，它的竞争力就越强。如果新闻产品的产品性质、运营推广还是延续传统方式，它受到来自新媒体的冲击就是致命的。记者采写的新闻几乎是一次性消费品，有人常讲新闻产品是"易碎品"。在新媒体的冲击下，传统新闻生产模式已经无力延续，传媒人应当注重寻求新闻产品的知识属性，以延长作品生命周期。

第九节　融合新闻获奖作品赏析

一、《父亲·我们·时代》①

为庆祝改革开放40周年，新华社全媒报道平台打通线上线下，推出重磅微视频《父亲·我们·时代》。该片以37年前的油画《父亲》开篇，以父辈的眼神回望40年来一幕幕"点睛"时刻，致敬改革奋斗者。微视频首尾"父亲"形象呼应，显示出人民注视"父亲"，"父亲"也在注视着人民，见证春苗破土、春风化雨，目送中国人迈向新的历程。主体部分邀请第一代改革者的子女，包括严宏昌、胡福明、马胜利、姜维等讲述父辈故事；"聊父亲"的同时，勾勒出改革开放40年的奋斗图卷。结尾处，"老羚羊舍命为小羚羊打开一条生命通道"的故事点出共产党人的改革初心和历史担当。"觉醒""敢闯""巨变""初心"四个篇章相互印证，又彼此勾连。结尾采用习近平总书记的讲话原声，寄语未来："虽然我们已走过千山万水，但仍需要不断跋山涉水。"

该片在多个场景细节上体现技术创新。如"巨变"篇章中，将特效与真实画面叠加，从破败的小渔村开始，将深圳40年沧桑巨变在半分钟内展现出来。该片没有解说词，全部用影像和音乐、音效、同期声叙事，特别是在"初心"篇章中，以《江山》一曲作为背景音乐，其闪现真理光芒的内涵和高亢激越的曲调奠定了全片氛围基调。

据不完全统计，微视频《父亲·我们·时代》总浏览量超过2.1亿人次。覆盖人群超过4.2亿人次，在新媒体端口被800余个头条号、微信公众号、微博转发。其中，在"今日头条"和"西瓜视频"两个平台上的浏览量达到了9000万人次，在新华社现场云的浏览量超过2000万人次，在腾讯视频的浏览量超过2000万人次。视频同步推出5集"国家相册"特别节目和"与时代同框"线上线下互动活动，打通线上线下，在北京、上海、深圳的4个改革标志性地点设置红色巨幅相框，推出"与时代同框"互动活动，这是新华社融媒体产品"一体化策划、共享资源渠道"模式的全新实践，最大限度强化了微视频的社会影响力，形成全媒体传播效果。

---

① 第二十九届中国新闻奖媒体融合奖"新媒体创意互动类"一等奖获奖作品。媒体融合奖自2018年即第二十八届中国新闻奖起增设，立奖数额每年不超过50个。

二、《鼓岭！鼓岭！》①

这是一条用心用情、感人至深的时政微视频佳作，是中央电视台新媒体团队精心推出的"习近平的故事"系列微视频之一，它讲述了时任福州市委书记习近平亲自促成的一段中外民间交往佳话。其故事化手法、风格化叙事，突出了时政新闻的感染力、传播力，通过充满真情实感的轻巧灵动的叙事，来凸显总书记的人文情怀，是 2018 年备受好评的时政微视频佳作之一。

1901 年，加德纳随身为传教士的父亲来到中国福建，在这里度过了一段欢乐难忘的童年时光。1911 年，加德纳全家因故回到美国加州。时光荏苒，他常常眷念着鼓岭，却因为种种原因没能再回到中国。临终前，加德纳反复说着"Kuliang，Kuliang"，而加德纳太太却不知道是哪儿。后来，加德纳太太在收拾丈夫遗物时发现了线索，她终于知道"Kuliang"是中国福州鼓岭。这个故事后来发表在中国的报纸上，引起了时任福州市委书记习近平的注意，他当即指示福州市外事办公室邀请加德纳太太访问鼓岭。

《鼓岭！鼓岭！》用"沙画＋历史资料画面＋现场采访"的方式来呈现叙事。用沙画还原历史，用采访和历史资料画面来深情讲述这一跨越百年的传奇。主创团队精心策划，赴福建福州深入拍摄，几经周折采访到当年这一事件的核心见证人，并反复推敲打磨沙画脚本，让沙画与影像报道的衔接更为精巧、更为顺畅。原声加沙画精巧结合的收尾，将情绪和立意都同时提升至新高度，全篇娓娓道来，温馨质朴，充满人文情怀。

在充分还原事实的基础上以情叙事是本片的特色，本片真实巧妙地表达了习近平同志细致入微的人文情怀、加德纳老人发自肺腑的"乡愁"。《鼓岭！鼓岭！》推出 24 小时内，仅在"央视新闻"两微一端及央视新闻移动网的阅读量即突破 500 万，数十家媒体及大量社交媒体账号热评热转，全网总阅读量 48 小时超过 9000 万。大量网友纷纷留言点赞，并表示深受感动。

三、《朴子书记》②

本作品由天津津云新媒体集团策划制作，讲述了天津大学选派的扶贫干部宋鹏在甘肃陇南大寨村工作 3 年，通过挖掘地方特色打造电商产业链、铺设幸福路的故事。宋鹏探索的扶贫模式正是习近平总书记倡导的——发挥互联网在

---

① 第二十九届中国新闻奖媒体融合奖"短视频新闻类"一等奖获奖作品。
② 第二十九届中国新闻奖媒体融合奖"短视频新闻类"一等奖获奖作品。

助推脱贫攻坚中的作用，推进精准扶贫、精准脱贫，让更多困难群众用上互联网，让农产品通过互联网走出乡村，让山沟里的孩子也能接受优质教育。

作品亮点主要有以下几方面：

（1）情节流畅。要在短短几分钟内讲好一个长达三年的扶贫故事很难。津云编导团队最后决定采用"连续蒙太奇"编辑手法，强化放大在不同时间段宋鹏的扶贫心路和帮扶群众的感受，按正序的叙事逻辑向网友展现最精华的内容。经过反复权衡和多次剪辑，完整视频长度降至 6 分 58 秒。

（2）包装得体。MG 动画和 3D 建模已被广泛运用到短视频中，因为它既符合当前传播环境的转型特点，又能对抽象的事物进行生动形象的描述。这部短视频讲述的是宋鹏三年的扶贫故事，很多场景不可能再还原，运用受访者叙述的方式又显得枯燥乏味，巧妙地运用一些 MG 动画是最好的表达方式。于是，网友们看到了视频开篇出现的宋鹏刚进村时经过的桥以动画形象呈现，与实景结合，过渡得非常流畅自然。

（3）影响广泛。一部好的作品，完成创作仅仅是工作的一半，另一半则是推广。2018 年 10 月 17 日，第五个国家扶贫日，短视频《膙子书记》在北方网、津云客户端、津汇双微及微博账号"天津发布"等平台显要位置推出后，人民网、新浪网等数十家媒体予以转载，全网各平台传播曝光度累计超过 1 亿人次。网友纷纷晒出自己身边为基层百姓干实事、有担当、善作为的奋斗典型，为坚守在脱贫攻坚以及各条战线的榜样点赞！通过《膙子书记》的宣传，宋鹏的扶贫故事鼓励着更多有志青年以各种方式投身到脱贫攻坚工作中，为脱贫事业做贡献。

四、《听，长江说！》[①]

该作品以湖北省人民代表大会发布的关于保护长江的决定为切入点，采用拟人的手法，运用第一人称（长江）视角，结合手绘图画和长江沿岸标志性保护动物的音效，通过问答游戏的方式，在与受众形成良好互动的同时，向受众普及了生态环保的知识。这种寓教于乐的新闻传播方式不仅达到了传播者提升新闻影响力的目的，还满足了受众娱乐和学习相结合的愿望。

该作品一经推出即引发现象级传播，在社会各界引起了广泛响应，掀起了一股"保护长江生态，推进绿色发展"的舆论热潮。该作品被全国各大门户网站转载，由该作品制作而成的视频、音频节目，在电视、广播端播出，创造了

---

① 第二十八届中国新闻奖媒体融合奖"新媒体创意互动类"三等奖获奖作品。

极佳的收视、收听率，产生了良好的社会效果。网友评论留言表示，该作品很有新意，将抽象的法案条文形象化、互动化、趣味化，让人更形象直观地了解长江大保护中的湖北责任和担当。同时，不少家长表示，该作品寓教于乐，给小朋友们上了一堂生动活泼的长江生态科普教育课。国际文化交流活动家余熙在朋友圈分享并表示："绝佳创意，应该推广到全世界！"海外网友在 Twitter 等平台上也纷纷为该作品点赞！

具体来看，该作品获得成功有以下几点原因：

（1）主题重大，创意新颖。长江，是中华民族的母亲河，也是习近平总书记深深牵挂的河。2017 年 1 月 21 日，湖北省第十二届人大五次会议通过《湖北省人民代表大会关于大力推进长江经济带生态保护和绿色发展的决定》，这是长江经济带地方人大第一项关于生态保护和绿色发展的决定。该作品以这一重大新闻为切入点，以习近平总书记讲话精神为总基调，对其主要内容进行高度提炼。运用拟人的手法，以长江为第一人称，通过打开话匣子这样的创意模型，巧妙地将整个作品设计成一款答题游戏，充分展现了"共抓大保护，不搞大开发"的重大主题。

（2）融合策划，全媒互动。湖北广电融媒体团队召开数轮策划会进行头脑风暴，共同确定产品文案，并按照新媒体产品生产流程进行分工制作，集合了广播、电视、网络各个平台的优势和智慧。电视、广播频道发挥采编优势，派出多名记者奔赴长江沿线重点生态保护区域，采集各地的标志性音响，如江豚呼吸声、麋鹿鸣叫声、白天鹅叫声等，并精心剪辑；新媒体发挥视觉创意优势，美编和程序员根据电视新闻的视频画面，对各地长江实景进行手绘还原，编写代码，最终将声音、文字和画面组装成一个流畅的答题游戏。

（3）精心设计，寓教于乐。该作品充分运用前端开发和交互设计等多项艺术和技术手段进行创作，在多维空间、视听感受和交互程度上都有优秀的表现。别出心裁地将产品设计成一个话匣子形象，新颖生动，与标题《听，长江说！》和游戏的形式完全契合。手绘动图画工细腻、栩栩如生，答题音频清晰简洁，声画配合严丝合缝，UI 界面立体多维，让人耳目一新。每一道题目都精心设计、以小见大，既有趣味性，又突出主题，让人在游戏的过程中受到教育和启迪。答题之后给每位用户自动生成相应的荣誉称号，鼓励用户参与，激发用户的互动和分享。该作品实现了重大主题报道的全新突破，通过创意和前沿的新媒体制作技术使新闻表达得到了质的提升。

（4）多级矩阵，同频共振。该作品充分运用多层级媒体资源，构建立体化传播矩阵，全方位扩大传播范围和影响。首先，"长江云"平台覆盖湖北全省

市州县区的 117 个云上系列客户端，打造全省媒体传播矩阵，在首屏显要位置推送该作品，形成全省同频共振。其次，"长江云"联合重庆、江苏、上海等长江沿线 10 家省级媒体共同发布该作品，打造长江流域媒体矩阵。同时，"长江云"还与央媒及重量级商业媒体进行联合发布，并在 YouTube、Twitter、Facebook、VB Anywhere、ITalkTV 等海外媒体、社交平台及湖北网国际频道发布该作品，通过多语种网页端及客户端构建立体化、互动式融合传播格局。除此之外，还将素材制作成适合电视、广播播出的视频、音频节目，与新媒体平台进行强互动，形成一张巨大的融媒体传播网。

五、《ofo 迷途》①

共享单车被誉为中国的"新四大发明"，在近几年发展迅速，引起了广泛的关注。2018 年，共享单车行业进入深度调整期，领军企业 ofo 屡传资金链断裂消息，至 2018 年下半年，多家 ofo 供应链企业坦言被拖欠货款，ofo 资金链危机从而暴露在公众面前。

为了探究 ofo 在全国范围内的运营情况，《每日经济新闻》团队策划了这一组报道。报道调动了北京、上海、广州、深圳、重庆、杭州、成都、武汉、南京、西安、济南共 11 个城市的记者，基本涵盖了共享单车竞争的主要地域。

在采写上，记者实地走访高峰时期主要商圈或地铁站周边，了解共享单车使用情况，探访当地监管机构及 ofo 办公地点，通过视频、图片的方式，多样化呈现报道内容，并结合图表，全面呈现 ofo 市场占有率、消费者投诉处理等情况。

最终出炉的 H5 产品《ofo 迷途》集动画、视频、可视化数据图以及文字深度报道于一体。可视化数据图呈现 ofo 的诉讼、消费者投诉以及欠款情况，一目了然；动画、视频及交互设计让该作品在内容丰富性和互动体验上均远远超过单纯的图文稿件。

项目的传播方式选择图片式二维码传播和链接传播，其中图片式二维码传播呈现新闻内容主题的设计，利于吸引受众，便于在社交平台分享传播，是多数互联网产品都会选择的传播方式。

作为一家专业财经媒体，这组针对社会关注热点的报道，是《每日经济新闻》积极运用新的传播工具和传播手段进行新闻操作的有益尝试。整组报道的亮点在于大范围实地走访、创新化融媒体报道和多渠道传播。在 ofo 问题频发

---

① 第二十九届中国新闻奖媒体融合奖"融合创新类"一等奖获奖作品。

的敏感节点，报道抓住公众关切和行业热点，系统性调查剖析 ofo 当时市场地位的下滑以及各省运营状态。报道从 ofo 上千万的消费者和大量投资者、供应商的角度出发，呈现了各主要城市的真实运营状况，保障了消费者知情权，促进了消费者的维权进程。因为随着 ofo 真实运营情况的逐步揭露，ofo 不得不面对大规模退押金的问题，可见该报道在保障消费者权益上发挥了重要的媒体监督作用。

《每日经济新闻》的官方微博以"ofo 迷途 11 城"以及"ofo 黄了么"为话题，将 11 城图文视频报道陆续发出，全网阅读量超过 600 万，引起广泛讨论。报道中的独家新闻点——ofo 杭州分公司被列入经营异常名录。报道也为 ofo 的大量投资者还原了这家明星创业企业的一线运营状况，向投资机构和供应链企业提示了风险，督促创业企业履行商业契约责任，也为共享经济行业和创业公司提供了镜鉴。

简单来讲，该作品能够获奖，首先在于报道的操作、制作和推广过程体现出了高度的创新精神。报道整体上采用制作互联网产品的思路，以受众喜闻乐见的方式包装报道内容，利用互联网传播的特点，综合多渠道的推广资源。其次，内容为王，技术助力。这组报道调动大量记者进行多地实地采访，技术、视频、数据等多工种专业人员与记者通力合作，使得新闻内核够硬，传播手段够灵活，使报道的传播范围更广。

思考和练习

1. 请以第三十届和第三十一届中国新闻奖媒体融合奖为研究样本，简要分析我国融合新闻的形态特征。

2. 以《VLOG：小姐姐的两会初体验》为例，分析 Vlog 应用于短视频新闻的优势和缺点。

3. 自行收集资料和案例，分析探究 MOJO（移动新闻学）应用于新闻报道的未来趋势。

主要参考文献

艾丰. 新闻写作方法论 [M]. 北京：人民日报出版社，1994.

奥利费·博伊德·巴雷特. 媒介研究的进路 [M]. 汪凯，刘晓红，译. 北京：新华出版社，2004.

包丽敏. 特稿的魅力 [EB/OL]. (2016-08-14) [2021-11-16]. http：//www. xwzgcb. com/v. php? info-id=6862.

陈梦雪. 融合新闻获奖作品研究——以中国新闻奖和浙江新闻奖为例 [D]. 杭州：浙江传媒学院硕士学位论文，2020.

陈倩. 媒介融合背景下新闻写作的创新分析 [J]. 传播力研究，2019 (34).

戴维·加洛克. 普利策新闻奖特稿卷 [M]. 北京：新华出版社，1999.

杜俊飞，胡翼青. 深度报道原理 [M]. 北京：新华出版社，2002.

樊凡. 中西新闻比较论 [M]. 武汉：武汉出版社，1994.

方洁. 美国融合新闻的内容与形态特征研究 [J]. 国际新闻界，2011 (33).

复旦大学新闻系. 外国新闻事业资料 [M]. 上海：复旦大学新闻系（内部资料），1979.

甘险峰. 当代报纸编辑学 [M]. 广州：中山大学出版社，2008.

郭光华，吴志文. 新闻写作 [M]. 北京：中国传媒大学出版社，2006.

郭光华. 新闻写作 [M]. 北京：中国传媒大学出版社，2014.

郭心华. 国外公共媒体大型体育赛事的融合传播实践——基于BBC平昌冬奥会报道的研究及启示 [J]. 上海广播电视研究，2019 (04).

韩存齐. VR新闻：虚拟现实在新闻报道中的应用前景探究 [J]. 采写编，2016 (4).

郝丽，黄丽. 新闻图片叙事的特征及效果分析 [J]. 淮北职业技术学院学报，2010 (05).

胡英才. 新闻的价值判断 [J]. 记者摇篮，2012（08）.

黄晓钟. 新闻写作思考与训练 [M]. 成都：四川大学出版社，2002.

贾丽云. 融合新闻报道伦理与法规：理论及案例分析 [M]. 秦皇岛：燕山大学出版，2020.

杰弗瑞·S. 威尔克森，奥古斯特·E. 格兰特，道格拉斯·J. 费舍尔. 融合新闻学原理 [M]. 郭媛媛，贺心颖，译. 北京：中国时代经济出版社，2011.

杰克·海敦. 怎样当好新闻记者 [M]. 伍任，译. 北京：新华出版社，1980.

金君俐. 从"图文并重"到"图文融合"——论读图时代的办报理念创新 [J]. 新闻大学，2014（04）.

蓝鸿文. 什么叫新闻语言 [J]. 新闻与写作，1989（05）.

黎勇. 真相再报告——与18位中国知名记者对话 [M]. 广州：南方日报出版社，2008.

李成连. 新闻官司防范与应对 [M]. 北京：新华出版社，2002.

李兰. 融合新闻写作 [M]. 杭州：浙江大学出版，2019.

李良荣. 新闻学概论 [M]. 上海：复旦大学出版社，2001.

李禄文. 媒体融合背景下新闻采访及写作技巧 [J]. 西部广播电视，2021（05）.

李雅林. 全媒体传播环境下新闻采访与写作教学的变与不变 [J]. 出版广角，2020（16）.

李元授，白丁. 新闻语言学 [M]. 北京：新华出版社，2001.

李喆. 交互式数据新闻的概念内涵及基本特征 [J]. 中国报业，2018（18）.

廖建国，范中丽. 新媒体视野下新闻写作实训教程 [M]. 成都：西南交通大学出版社，2017.

廖杏子. 媒体融合背景下新闻稿件写作策略分析 [J]. 新闻研究导刊，2020（11）.

刘保全. 调查性报道的特点及采写要求——以"中国新闻奖"作品为例 [J]. 新闻爱好者，2015（02）.

刘冰. 融合新闻 [M]. 北京：清华大学出版社，2017.

刘明华. 西方新闻采访与写作 [M]. 北京：中国人民大学出版社，1993.

刘其中. 净语良言：与青年记者谈新闻写作 [M]. 北京：新华出版社，2003.

刘涛，王宇明. 新媒体背景下全景化新闻报道探析 [J]. 今传媒，2013（02）.

刘涛. 融合新闻的三重伦理困境 [J]. 教育传媒研究，2020（06）.

刘涛，刘倩欣. 融合新闻伦理的"问题域"及其内涵 [J]. 新闻与写作，2020 (06).

马克·波斯特. 第二媒介时代 [M]. 南京：南京大学出版社，2000.

马克思，恩格斯. 马克思恩格斯全集：第 37 卷 [M]. 中共中央马克思恩格斯列宁斯大林著作编译局，译. 北京：人民出版社，1971.

马武. 新闻奖评选应突破体裁门槛的限制 [J]. 新闻记者，2010 (06).

马萱. 深入践行"四力"讲好中国故事——《中国档案报》文化版深度采访一得 [N]. 中国档案报，2020-09-07 (003).

麦尔文·曼切尔. 新闻报道与写作 [M]. 北京：中国广播电视出版社，1981.

梅尔文·门彻. 新闻报道与写作：第 9 版 [M]. 展江，主译. 北京：华夏出版社，2003.

密苏里新闻学院. 新闻写作教程 [M]. 北京：新华出版社，1986.

闵秀玲. 从《人物》杂志看当下特稿写作 [J]. 传媒论坛，2020，3 (13).

年度虚假新闻研究课题组. 2017 年虚假新闻研究报告 [J]. 新闻记者，2018 (01).

欧阳明. 深度报道采写概论 [M]. 北京：清华大学出版社，2011.

庞瑞锋. 财经新闻道：对话美国顶尖财经媒体高层 [M]. 广州：南方日报出版社，2008.

阮忠义. 摄影美学七问 [M]. 北京：中国摄影出版社，1999.

尚冰璇. 数据可视化方法在新闻报道中的应用 [J]. 科技传播，2017 (21).

沈征郎. 实用新闻采编写作 [M]. 台北：联经出版公司，1992.

石长顺. 融合新闻学导论 [M]. 北京：北京大学出版社，2016.

时统宇. 深度报道范文评析 [M]. 北京：新华出版社，2001.

宋双峰. 从新闻线人看媒体新闻源的管理 [J]. 新闻爱好者，2004 (03).

苏珊·佩普，休·费瑟斯通. 特稿写作从入门到精通 [M]. 周黎明，译. 北京：中国人民大学出版社，2011.

孙藜. WeChat：电子书写式言谈与熟人圈的公共性重构——从"微信"出发的一种互联网文化分析 [J]. 国际新闻界，2014 (36).

万生云. 图片新闻的语言分析 [J]. 内蒙古大学学报（人文社会科学版），2003 (05).

王珊. 浅析专题新闻图片的叙事机制——以"荷赛奖"获奖作品为例 [J]. 新闻研究导刊，2015 (06).

王霄瑜. 怎样写好新闻跳笔 [J]. 新闻三昧. 2005 (04).

温家宝接受英国《金融时报》专访 [N]. 人民日报（海外版），2009-02-03（001）.

谢春雷. 揭开真相《南方周末》知名记者报道手册 [M]. 杭州：浙江人民出版社，2004.

熊高. 电视新闻写作规律初探——视觉传播下的新闻写作思考之一 [J]. 河池学院学报，2009（01）.

熊高，贺威. 电视新闻节目写作文本探析——传播视觉下的电视新闻写作思考之二 [J]. 河池学院学报，2009（03）.

杨娟. 全媒体背景下我国媒介全景化生产格局探讨 [J]. 电视研究，2010（10）.

于晴. VR 沉浸式新闻报道初探——以西方网络新闻 VR 沉浸式报道作品为例 [J]. 科技传播，2020（14）.

余家宏，宁树藩，徐培汀. 新闻学简明词典 [M]. 杭州：浙江人民出版社，1984.

余效诚. 数字读物论：论公众学习效率反馈模式的变革 [M]. 北京：中国社会科学出版社，2013.

约翰·利克利，雪莉·利克利. 瞬间——普利策摄影奖获奖作品 1942—1982 [M]. 北京：中国摄影出版社，1991.

曾祥敏，方雪悦. 新闻游戏：概念、意义、功能和交互叙事规律研究 [J]. 现代传播（中国传媒大学学报），2018（01）.

曾祥敏，王俐然，潘九鸣. 融媒体交互可视化深度报道研究——兼论深度报道与碎片信息的对立统一 [J]. 新闻与写作，2018（10）.

詹福瑞. 中国古代文学研究的边缘化问题 [J]. 文学评论，2001（06）.

张建伟. 西西弗斯的胜利 [J]. 新闻战线. 1989（02）.

张向春. 新闻仿真制图 [M]. 北京：清华大学出版社，2008.

张志安. 中美深度报道的差异 [J]. 青年记者，2005（08）.

张志安. 报道如何深入 [M]. 广州：南方日报出版社，2006.

章戈浩. 作为开放新闻的数据新闻——英国《卫报》的数据新闻实践 [J]. 新闻记者，2013（06）.

赵振宇. 新闻策划 [M]. 武汉：武汉出版社，2000.

珍妮特·柯罗茨. 融合新闻学实务 [M]. 嵇美云，译. 北京：清华大学出版社，2018.

郑芃芃. 媒体融合背景下新闻采访与写作探究 [J]. 中国报业，2021（06）.

周家群. 图像时代新闻摄影传播学 [M]. 合肥：安徽大学出版社，2001.

周胜林，尹德刚，梅懿. 当代新闻写作：第 2 版 [M]. 上海：复旦大学出版社，2013.

周彦，张晓青. 特稿写作角度分析——以《中国青年报》为例 [J]. 河北经贸大学学报（综合版），2017（02）.

朱斌. 图片新闻标题的特色及传播效果 [J]. 新闻爱好者，2011（09）.

卓培荣. 破解报道难题 2006 年新华社新闻学术年会论文选 [M]. 北京：新华出版社，2007.

附　录

中国新闻工作者职业道德准则

（中华全国新闻工作者协会第九届全国理事会第五次常务理事会
2019 年 11 月 7 日修订）

中国新闻事业是中国共产党领导的中国特色社会主义事业的重要组成部分。新闻工作者坚持以马克思列宁主义、毛泽东思想、邓小平理论、"三个代表"重要思想、科学发展观、习近平新时代中国特色社会主义思想为指导，增强"四个意识"，坚定"四个自信"，做到"两个维护"，牢记党的新闻舆论工作职责使命，继承和发扬党的新闻舆论工作优良传统，坚持正确政治方向、舆论导向、新闻志向、工作取向，不断增强脚力、眼力、脑力、笔力，积极传播社会主义核心价值观，自觉遵守国家法律法规，恪守新闻职业道德，自觉承担社会责任，做政治坚定、引领时代、业务精湛、作风优良、党和人民信赖的新闻工作者。

第一条　全心全意为人民服务。忠于党、忠于祖国、忠于人民，把体现党的主张与反映人民心声统一起来，把坚持正确舆论导向与通达社情民意统一起来，把坚持正面宣传为主与正确开展舆论监督统一起来，发挥党和政府联系人民群众的桥梁纽带作用。

1. 坚持用习近平新时代中国特色社会主义思想武装头脑，深入学习宣传贯彻党的路线方针政策，积极宣传中央重大决策部署，及时传播国内外各领域的信息，满足人民群众日益增长的新闻信息需求，保证人民群众的知情权、参与权、表达权、监督权；

2. 坚持以人民为中心的工作导向，把人民群众作为报道主体、服务对象，多宣传基层群众的先进典型，多挖掘群众身边的具体事例，多反映平凡人物的工作生活，多运用群众的生动语言，丰富人民精神世界，增强人民精神力量，满足人民精神需求，使新闻报道为人民群众喜闻乐见；

3. 保持人民情怀，积极反映人民群众的正确意见和呼声，及时回应人民群众的关切和期待，批评侵害人民利益的现象和行为，畅通人民群众表达意见的渠道，依法维护人民群众的正当权益。

第二条 坚持正确舆论导向。坚持团结稳定鼓劲、正面宣传为主，弘扬主旋律、传播正能量，不断巩固和壮大积极健康向上的主流思想舆论。

1. 以经济建设为中心，服从服务于党和国家工作大局，贯彻新发展理念，为促进经济社会持续健康发展注入强大正能量；

2. 宣传科学理论、传播先进文化、滋养美好心灵、弘扬社会正气，增强社会责任感，严守道德伦理底线，坚决抵制低俗、庸俗、媚俗的内容；

3. 加强和改进舆论监督，着眼解决问题、推动工作，激浊扬清、针砭时弊，发表批评性报道要事实准确、分析客观，坚持科学监督、准确监督、依法监督、建设性监督；

4. 采访报道突发事件坚持导向正确、及时准确、公开透明，全面客观报道事件动态及处置进程，推动事件的妥善处理，维护社会稳定和人心安定。

第三条 坚持新闻真实性原则。把真实作为新闻的生命，努力到一线、到现场采访核实，坚持深入调查研究，报道做到真实、准确、全面、客观。

1. 通过合法途径和方式获取新闻素材，认真核实新闻信息来源，确保新闻要素及情节准确；

2. 根据事实来描述事实，不夸大、不缩小、不歪曲事实，不摆布采访报道对象，禁止虚构或制造新闻，刊播新闻报道要署记者的真名；

3. 摘转其他媒体的报道要把好事实关导向关，不刊播违背科学精神、伦理道德、生活常识的内容；

4. 刊播了失实报道要勇于承担责任，及时更正致歉，消除不良影响；

5. 坚持网上网下"一个标准、一把尺子、一条底线"，统一导向要求、管理要求。

第四条 发扬优良作风。树立正确的世界观、人生观、价值观，加强品德修养，提高综合素质，抵制不良风气，保持一身正气，接受社会监督。

1. 强化学习意识，养成学习习惯，不断增强政治素质，提高业务水平，掌握融合技能，努力成为全媒型、专家型新闻工作者；

2. 坚持走基层、转作风、改文风，练就过硬脚力、眼力、脑力、笔力，拜人民为师，向人民学习，深入了解社情民意，增进与群众的感情；

3. 坚决反对和抵制各种有偿新闻和有偿不闻行为，不利用职业之便谋取不正当利益，不利用新闻报道发泄私愤，不以任何名义索取、接受采访报道对象或利害关系人的财物或其他利益，不向采访报道对象提出工作以外的要求；

4. 严格执行新闻报道与经营活动"两分开"的规定，不以新闻报道形式做任何广告性质的宣传，编辑记者不得从事创收等经营性活动。

第五条 坚持改进创新。遵循新闻传播规律和新兴媒体发展规律，创新理念、内容、体裁、形式、方法、手段、业态等，做到体现时代性、把握规律性、富于创造性。

1. 适应分众化、差异化传播趋势，深入研究不同传播对象的接受习惯和信息需求，主动设置议题，善于因势利导，不断提高传播力、引导力、影响力、公信力；

2. 强化互联网思维，顺应全媒体发展要求，积极探索网络信息生产和传播的特点规律，深刻把握传统媒体和新兴媒体融合发展的趋势，善于运用网络新技术新应用，不断提高网上正面宣传和网络舆论引导水平；

3. 保持思维的敏锐性和开放度，认识新事物、把握新规律，敢于打破思维定势和路径依赖，认真研究传播艺术，采用受众听得懂、易接受的方式，增强新闻报道的亲和力、吸引力、感染力，采写更多有思想、有温度、有品质的精品佳作。

第六条 遵守法律纪律。增强法治观念，遵守宪法和法律法规，遵守党的新闻工作纪律，维护国家利益和安全，保守国家秘密。

1. 严格遵守和正确宣传国家各项政治制度和政策，切实维护国家政治安全、文化安全和社会稳定；

2. 维护采访报道对象的合法权益，尊重采访报道对象的正当要求，不揭个人隐私，不诽谤他人；

3. 保障妇女、儿童、老年人和残疾人的合法权益，注意保护其身心健康；

4. 维护司法尊严，依法做好案件报道，不干预依法进行的司法审判活动，在法庭判决前不做定性、定罪的报道和评论，不渲染凶杀、暴力、色情等；

5. 涉外报道要遵守我国涉外法律、对外政策和我国加入的国际条约；

6. 尊重和保护新闻媒体作品版权，反对抄袭、剽窃，抵制严重歪曲文章原意、断章取义等不当摘转行为；

7. 严格遵守新闻采访规范，除确有必要的特殊拍摄采访外，新闻采访要出示合法有效的新闻记者证。

第七条 对外展示良好形象。努力培养世界眼光和国际视野，讲好中国故事，传播好中国声音，积极搭建中国与世界交流沟通的桥梁，展现真实、立体、全面的中国。

1. 在国际交往中维护祖国尊严和国家利益，维护中国新闻工作者的形象；

2. 生动诠释中国道路、中国理论、中国制度、中国文化，着重讲好中国的故事、中国共产党的故事、中国特色社会主义的故事、中国人民的故事，让世界更好地读懂中国；

3. 积极传播中华民族的优秀文化，增进世界各国人民对中华文化的了解；

4. 尊重各国主权、民族传统、宗教信仰和文化多样性，报道各国经济社会发展变化和优秀民族文化；

5. 加强与各国媒体和国际（区域）新闻组织的交流合作，增进了解、加深友谊，为推动人类命运共同体建设多做工作。

对本《准则》，中国记协会员要结合实际制定相应实施细则，认真组织落实；全国新闻工作者包括新媒体新闻信息传播从业人员要自觉执行；各级地方记协、各类专业记协要积极宣传和推动；欢迎社会各界监督。

中华人民共和国著作权法

（1990 年 9 月 7 日第七届全国人民代表大会常务委员会第十五次会议通过　根据 2001 年 10 月 27 日第九届全国人民代表大会常务委员会第二十四次会议《关于修改〈中华人民共和国著作权法〉的决定》第一次修正　根据 2010 年 2 月 26 日第十一届全国人民代表大会常务委员会第十三次会议《关于修改〈中华人民共和国著作权法〉的决定》第二次修正　根据 2020 年 11 月 11 日第十三届全国人民代表大会常务委员会第二十三次会议《关于修改〈中华人民共和国著作权法〉的决定》第三次修正）

第一章　总　则

第一条　为保护文学、艺术和科学作品作者的著作权，以及与著作权有关的权益，鼓励有益于社会主义精神文明、物质文明建设的作品的创作和传播，促进社会主义文化和科学事业的发展与繁荣，根据宪法制定本法。

第二条　中国公民、法人或者非法人组织的作品，不论是否发表，依照本法享有著作权。

外国人、无国籍人的作品根据其作者所属国或者经常居住地国同中国签订的协议或者共同参加的国际条约享有的著作权，受本法保护。

外国人、无国籍人的作品首先在中国境内出版的，依照本法享有著作权。

未与中国签订协议或者共同参加国际条约的国家的作者以及无国籍人的作品首次在中国参加的国际条约的成员国出版的，或者在成员国和非成员国同时出版的，受本法保护。

第三条　本法所称的作品，是指文学、艺术和科学领域内具有独创性并能以一定形式表现的智力成果，包括：

（一）文字作品；

（二）口述作品；

（三）音乐、戏剧、曲艺、舞蹈、杂技艺术作品；

（四）美术、建筑作品；

（五）摄影作品；

（六）视听作品；

（七）工程设计图、产品设计图、地图、示意图等图形作品和模型作品；

（八）计算机软件；

（九）符合作品特征的其他智力成果。

第四条　著作权人和与著作权有关的权利人行使权利，不得违反宪法和法律，不得损害公共利益。国家对作品的出版、传播依法进行监督管理。

第五条　本法不适用于：

（一）法律、法规，国家机关的决议、决定、命令和其他具有立法、行政、司法性质的文件，及其官方正式译文；

（二）单纯事实消息；

（三）历法、通用数表、通用表格和公式。

第六条　民间文学艺术作品的著作权保护办法由国务院另行规定。

第七条　国家著作权主管部门负责全国的著作权管理工作；县级以上地方主管著作权的部门负责本行政区域的著作权管理工作。

第八条　著作权人和与著作权有关的权利人可以授权著作权集体管理组织行使著作权或者与著作权有关的权利。依法设立的著作权集体管理组织是非营利法人，被授权后可以以自己的名义为著作权人和与著作权有关的权利人主张权利，并可以作为当事人进行涉及著作权或者与著作权有关的权利的诉讼、仲裁、调解活动。

著作权集体管理组织根据授权向使用者收取使用费。使用费的收取标准由著作权集体管理组织和使用者代表协商确定，协商不成的，可以向国家著作权主管部门申请裁决，对裁决不服的，可以向人民法院提起诉讼；当事人也可以直接向人民法院提起诉讼。

著作权集体管理组织应当将使用费的收取和转付、管理费的提取和使用、使用费的未分配部分等总体情况定期向社会公布，并应当建立权利信息查询系统，供权利人和使用者查询。国家著作权主管部门应当依法对著作权集体管理组织进行监督、管理。

著作权集体管理组织的设立方式、权利义务、使用费的收取和分配，以及对其监督和管理等由国务院另行规定。

第二章　著作权

第一节　著作权人及其权利

第九条　著作权人包括：

（一）作者；

（二）其他依照本法享有著作权的自然人、法人或者非法人组织。

第十条　著作权包括下列人身权和财产权：

（一）发表权，即决定作品是否公之于众的权利；

（二）署名权，即表明作者身份，在作品上署名的权利；

（三）修改权，即修改或者授权他人修改作品的权利；

（四）保护作品完整权，即保护作品不受歪曲、篡改的权利；

（五）复制权，即以印刷、复印、拓印、录音、录像、翻录、翻拍、数字化等方式将作品制作一份或者多份的权利；

（六）发行权，即以出售或者赠与方式向公众提供作品的原件或者复制件的权利；

（七）出租权，即有偿许可他人临时使用视听作品、计算机软件的原件或者复制件的权利，计算机软件不是出租的主要标的的除外；

（八）展览权，即公开陈列美术作品、摄影作品的原件或者复制件的权利；

（九）表演权，即公开表演作品，以及用各种手段公开播送作品的表演的权利；

（十）放映权，即通过放映机、幻灯机等技术设备公开再现美术、摄影、视听作品等的权利；

（十一）广播权，即以有线或者无线方式公开传播或者转播作品，以及通过扩音器或者其他传送符号、声音、图像的类似工具向公众传播广播的作品的权利，但不包括本款第十二项规定的权利；

（十二）信息网络传播权，即以有线或者无线方式向公众提供，使公众可以在其选定的时间和地点获得作品的权利；

（十三）摄制权，即以摄制视听作品的方法将作品固定在载体上的权利；

（十四）改编权，即改变作品，创作出具有独创性的新作品的权利；

（十五）翻译权，即将作品从一种语言文字转换成另一种语言文字的权利；

（十六）汇编权，即将作品或者作品的片段通过选择或者编排，汇集成新作品的权利；

（十七）应当由著作权人享有的其他权利。

著作权人可以许可他人行使前款第五项至第十七项规定的权利，并依照约定或者本法有关规定获得报酬。

著作权人可以全部或者部分转让本条第一款第五项至第十七项规定的权利，并依照约定或者本法有关规定获得报酬。

第二节　著作权归属

第十一条　著作权属于作者，本法另有规定的除外。

创作作品的自然人是作者。

由法人或者非法人组织主持，代表法人或者非法人组织意志创作，并由法人或者非法人组织承担责任的作品，法人或者非法人组织视为作者。

第十二条　在作品上署名的自然人、法人或者非法人组织为作者，且该作品上存在相应权利，但有相反证明的除外。

作者等著作权人可以向国家著作权主管部门认定的登记机构办理作品登记。

与著作权有关的权利参照适用前两款规定。

第十三条　改编、翻译、注释、整理已有作品而产生的作品，其著作权由改编、翻译、注释、整理人享有，但行使著作权时不得侵犯原作品的著作权。

第十四条　两人以上合作创作的作品，著作权由合作作者共同享有。没有参加创作的人，不能成为合作作者。

合作作品的著作权由合作作者通过协商一致行使；不能协商一致，又无正当理由的，任何一方不得阻止他方行使除转让、许可他人专有使用、出质以外的其他权利，但是所得收益应当合理分配给所有合作作者。

合作作品可以分割使用的，作者对各自创作的部分可以单独享有著作权，但行使著作权时不得侵犯合作作品整体的著作权。

第十五条　汇编若干作品、作品的片段或者不构成作品的数据或者其他材料，对其内容的选择或者编排体现独创性的作品，为汇编作品，其著作权由汇编人享有，但行使著作权时，不得侵犯原作品的著作权。

第十六条　使用改编、翻译、注释、整理、汇编已有作品而产生的作品进行出版、演出和制作录音录像制品，应当取得该作品的著作权人和原作品的著作权人许可，并支付报酬。

第十七条　视听作品中的电影作品、电视剧作品的著作权由制作者享有，但编剧、导演、摄影、作词、作曲等作者享有署名权，并有权按照与制作者签订的合同获得报酬。

前款规定以外的视听作品的著作权归属由当事人约定；没有约定或者约定不明确的，由制作者享有，但作者享有署名权和获得报酬的权利。

视听作品中的剧本、音乐等可以单独使用的作品的作者有权单独行使其著作权。

第十八条　自然人为完成法人或者非法人组织工作任务所创作的作品是职务作品，除本条第二款的规定以外，著作权由作者享有，但法人或者非法人组织有权在其业务范围内优先使用。作品完成两年内，未经单位同意，作者不得许可第三人以与单位使用的相同方式使用该作品。

有下列情形之一的职务作品，作者享有署名权，著作权的其他权利由法人或者非法人组织享有，法人或者非法人组织可以给予作者奖励：

（一）主要是利用法人或者非法人组织的物质技术条件创作，并由法人或者非法人组织承担责任的工程设计图、产品设计图、地图、示意图、计算机软件等职务作品；

（二）报社、期刊社、通讯社、广播电台、电视台的工作人员创作的职务作品；

（三）法律、行政法规规定或者合同约定著作权由法人或者非法人组织享有的职务作品。

第十九条　受委托创作的作品，著作权的归属由委托人和受托人通过合同约定。合同未作明确约定或者没有订立合同的，著作权属于受托人。

第二十条　作品原件所有权的转移，不改变作品著作权的归属，但美术、摄影作品原件的展览权由原件所有人享有。

作者将未发表的美术、摄影作品的原件所有权转让给他人，受让人展览该原件不构成对作者发表权的侵犯。

第二十一条　著作权属于自然人的，自然人死亡后，其本法第十条第一款第五项至第十七项规定的权利在本法规定的保护期内，依法转移。

著作权属于法人或者非法人组织的，法人或者非法人组织变更、终止后，其本法第十条第一款第五项至第十七项规定的权利在本法规定的保护期内，由承受其权利义务的法人或者非法人组织享有；没有承受其权利义务的法人或者非法人组织的，由国家享有。

第三节　权利的保护期

第二十二条　作者的署名权、修改权、保护作品完整权的保护期不受限制。

第二十三条　自然人的作品，其发表权、本法第十条第一款第五项至第十七项规定的权利的保护期为作者终生及其死亡后五十年，截止于作者死亡后第五十年的 12 月 31 日；如果是合作作品，截止于最后死亡的作者死亡后第五十年的 12 月 31 日。

法人或者非法人组织的作品、著作权（署名权除外）由法人或者非法人组织享有的职务作品，其发表权的保护期为五十年，截止于作品创作完成后第五十年的 12 月 31 日；本法第十条第一款第五项至第十七项规定的权利的保护期为五十年，截止于作品首次发表后第五十年的 12 月 31 日，但作品自创作完成后五十年内未发表的，本法不再保护。

视听作品，其发表权的保护期为五十年，截止于作品创作完成后第五十年的 12 月 31 日；本法第十条第一款第五项至第十七项规定的权利的保护期为五十年，截止于作品首次发表后第五十年的 12 月 31 日，但作品自创作完成后五十年内未发表的，本法不再保护。

第四节　权利的限制

第二十四条　在下列情况下使用作品，可以不经著作权人许可，不向其支付报酬，但应当指明作者姓名或者名称、作品名称，并且不得影响该作品的正常使用，也不得不合理地损害著作权人的合法权益：

（一）为个人学习、研究或者欣赏，使用他人已经发表的作品；

（二）为介绍、评论某一作品或者说明某一问题，在作品中适当引用他人已经发表的作品；

（三）为报道新闻，在报纸、期刊、广播电台、电视台等媒体中不可避免地再现或者引用已经发表的作品；

（四）报纸、期刊、广播电台、电视台等媒体刊登或者播放其他报纸、期刊、广播电台、电视台等媒体已经发表的关于政治、经济、宗教问题的时事性文章，但著作权人声明不许刊登、播放的除外；

（五）报纸、期刊、广播电台、电视台等媒体刊登或者播放在公众集会上发表的讲话，但作者声明不许刊登、播放的除外；

（六）为学校课堂教学或者科学研究，翻译、改编、汇编、播放或者少量复制已经发表的作品，供教学或者科研人员使用，但不得出版发行；

（七）国家机关为执行公务在合理范围内使用已经发表的作品；

（八）图书馆、档案馆、纪念馆、博物馆、美术馆、文化馆等为陈列或者保存版本的需要，复制本馆收藏的作品；

（九）免费表演已经发表的作品，该表演未向公众收取费用，也未向表演者支付报酬，且不以营利为目的；

（十）对设置或者陈列在公共场所的艺术作品进行临摹、绘画、摄影、录像；

（十一）将中国公民、法人或者非法人组织已经发表的以国家通用语言文字创作的作品翻译成少数民族语言文字作品在国内出版发行；

（十二）以阅读障碍者能够感知的无障碍方式向其提供已经发表的作品；

（十三）法律、行政法规规定的其他情形。

前款规定适用于对与著作权有关的权利的限制。

第二十五条　为实施义务教育和国家教育规划而编写出版教科书，可以不经著作权人许可，在教科书中汇编已经发表的作品片段或者短小的文字作品、音乐作品或者单幅的美术作品、摄影作品、图形作品，但应当按照规定向著作权人支付报酬，指明作者姓名或者名称、作品名称，并且不得侵犯著作权人依照本法享有的其他权利。

前款规定适用于对与著作权有关的权利的限制。

第三章　著作权许可使用和转让合同

第二十六条　使用他人作品应当同著作权人订立许可使用合同，本法规定可以不经许可的除外。

许可使用合同包括下列主要内容：

（一）许可使用的权利种类；

（二）许可使用的权利是专有使用权或者非专有使用权；

（三）许可使用的地域范围、期间；

（四）付酬标准和办法；

（五）违约责任；

（六）双方认为需要约定的其他内容。

第二十七条　转让本法第十条第一款第五项至第十七项规定的权利，应当订立书面合同。

权利转让合同包括下列主要内容：

（一）作品的名称；

（二）转让的权利种类、地域范围；

（三）转让价金；

（四）交付转让价金的日期和方式；

（五）违约责任；

（六）双方认为需要约定的其他内容。

第二十八条　以著作权中的财产权出质的，由出质人和质权人依法办理出质登记。

第二十九条　许可使用合同和转让合同中著作权人未明确许可、转让的权利，未经著作权人同意，另一方当事人不得行使。

第三十条　使用作品的付酬标准可以由当事人约定，也可以按照国家著作权主管部门会同有关部门制定的付酬标准支付报酬。当事人约定不明确的，按照国家著作权主管部门会同有关部门制定的付酬标准支付报酬。

第三十一条　出版者、表演者、录音录像制作者、广播电台、电视台等依

照本法有关规定使用他人作品的，不得侵犯作者的署名权、修改权、保护作品完整权和获得报酬的权利。

第四章　与著作权有关的权利

第一节　图书、报刊的出版

第三十二条　图书出版者出版图书应当和著作权人订立出版合同，并支付报酬。

第三十三条　图书出版者对著作权人交付出版的作品，按照合同约定享有的专有出版权受法律保护，他人不得出版该作品。

第三十四条　著作权人应当按照合同约定期限交付作品。图书出版者应当按照合同约定的出版质量、期限出版图书。

图书出版者不按照合同约定期限出版，应当依照本法第六十一条的规定承担民事责任。

图书出版者重印、再版作品的，应当通知著作权人，并支付报酬。图书脱销后，图书出版者拒绝重印、再版的，著作权人有权终止合同。

第三十五条　著作权人向报社、期刊社投稿的，自稿件发出之日起十五日内未收到报社通知决定刊登的，或者自稿件发出之日起三十日内未收到期刊社通知决定刊登的，可以将同一作品向其他报社、期刊社投稿。双方另有约定的除外。

作品刊登后，除著作权人声明不得转载、摘编的外，其他报刊可以转载或者作为文摘、资料刊登，但应当按照规定向著作权人支付报酬。

第三十六条　图书出版者经作者许可，可以对作品修改、删节。

报社、期刊社可以对作品作文字性修改、删节。对内容的修改，应当经作者许可。

第三十七条　出版者有权许可或者禁止他人使用其出版的图书、期刊的版式设计。

前款规定的权利的保护期为十年，截止于使用该版式设计的图书、期刊首次出版后第十年的 12 月 31 日。

第二节　表　演

第三十八条　使用他人作品演出，表演者应当取得著作权人许可，并支付报酬。演出组织者组织演出，由该组织者取得著作权人许可，并支付报酬。

第三十九条　表演者对其表演享有下列权利：

（一）表明表演者身份；

（二）保护表演形象不受歪曲；

（三）许可他人从现场直播和公开传送其现场表演，并获得报酬；

（四）许可他人录音录像，并获得报酬；

（五）许可他人复制、发行、出租录有其表演的录音录像制品，并获得报酬；

（六）许可他人通过信息网络向公众传播其表演，并获得报酬。

被许可人以前款第三项至第六项规定的方式使用作品，还应当取得著作权人许可，并支付报酬。

第四十条 演员为完成本演出单位的演出任务进行的表演为职务表演，演员享有表明身份和保护表演形象不受歪曲的权利，其他权利归属由当事人约定。当事人没有约定或者约定不明确的，职务表演的权利由演出单位享有。

职务表演的权利由演员享有的，演出单位可以在其业务范围内免费使用该表演。

第四十一条 本法第三十九条第一款第一项、第二项规定的权利的保护期不受限制。

本法第三十九条第一款第三项至第六项规定的权利的保护期为五十年，截止于该表演发生后第五十年的 12 月 31 日。

第三节 录音录像

第四十二条 录音录像制作者使用他人作品制作录音录像制品，应当取得著作权人许可，并支付报酬。

录音制作者使用他人已经合法录制为录音制品的音乐作品制作录音制品，可以不经著作权人许可，但应当按照规定支付报酬；著作权人声明不许使用的不得使用。

第四十三条 录音录像制作者制作录音录像制品，应当同表演者订立合同，并支付报酬。

第四十四条 录音录像制作者对其制作的录音录像制品，享有许可他人复制、发行、出租、通过信息网络向公众传播并获得报酬的权利；权利的保护期为五十年，截止于该制品首次制作完成后第五十年的 12 月 31 日。

被许可人复制、发行、通过信息网络向公众传播录音录像制品，应当同时取得著作权人、表演者许可，并支付报酬；被许可人出租录音录像制品，还应当取得表演者许可，并支付报酬。

第四十五条 将录音制品用于有线或者无线公开传播，或者通过传送声音的技术设备向公众公开播送的，应当向录音制作者支付报酬。

第四节　广播电台、电视台播放

第四十六条　广播电台、电视台播放他人未发表的作品，应当取得著作权人许可，并支付报酬。

广播电台、电视台播放他人已发表的作品，可以不经著作权人许可，但应当按照规定支付报酬。

第四十七条　广播电台、电视台有权禁止未经其许可的下列行为：

（一）将其播放的广播、电视以有线或者无线方式转播；

（二）将其播放的广播、电视录制以及复制；

（三）将其播放的广播、电视通过信息网络向公众传播。

广播电台、电视台行使前款规定的权利，不得影响、限制或者侵害他人行使著作权或者与著作权有关的权利。

本条第一款规定的权利的保护期为五十年，截止于该广播、电视首次播放后第五十年的 12 月 31 日。

第四十八条　电视台播放他人的视听作品、录像制品，应当取得视听作品著作权人或者录像制作者许可，并支付报酬；播放他人的录像制品，还应当取得著作权人许可，并支付报酬。

第五章　著作权和与著作权有关的权利的保护

第四十九条　为保护著作权和与著作权有关的权利，权利人可以采取技术措施。

未经权利人许可，任何组织或者个人不得故意避开或者破坏技术措施，不得以避开或者破坏技术措施为目的制造、进口或者向公众提供有关装置或者部件，不得故意为他人避开或者破坏技术措施提供技术服务。但是，法律、行政法规规定可以避开的情形除外。

本法所称的技术措施，是指用于防止、限制未经权利人许可浏览、欣赏作品、表演、录音录像制品或者通过信息网络向公众提供作品、表演、录音录像制品的有效技术、装置或者部件。

第五十条　下列情形可以避开技术措施，但不得向他人提供避开技术措施的技术、装置或者部件，不得侵犯权利人依法享有的其他权利：

（一）为学校课堂教学或者科学研究，提供少量已经发表的作品，供教学或者科研人员使用，而该作品无法通过正常途径获取；

（二）不以营利为目的，以阅读障碍者能够感知的无障碍方式向其提供已经发表的作品，而该作品无法通过正常途径获取；

（三）国家机关依照行政、监察、司法程序执行公务；

（四）对计算机及其系统或者网络的安全性能进行测试；

（五）进行加密研究或者计算机软件反向工程研究。

前款规定适用于对与著作权有关的权利的限制。

第五十一条　未经权利人许可，不得进行下列行为：

（一）故意删除或者改变作品、版式设计、表演、录音录像制品或者广播、电视上的权利管理信息，但由于技术上的原因无法避免的除外；

（二）知道或者应当知道作品、版式设计、表演、录音录像制品或者广播、电视上的权利管理信息未经许可被删除或者改变，仍然向公众提供。

第五十二条　有下列侵权行为的，应当根据情况，承担停止侵害、消除影响、赔礼道歉、赔偿损失等民事责任：

（一）未经著作权人许可，发表其作品的；

（二）未经合作作者许可，将与他人合作创作的作品当作自己单独创作的作品发表的；

（三）没有参加创作，为谋取个人名利，在他人作品上署名的；

（四）歪曲、篡改他人作品的；

（五）剽窃他人作品的；

（六）未经著作权人许可，以展览、摄制视听作品的方法使用作品，或者以改编、翻译、注释等方式使用作品的，本法另有规定的除外；

（七）使用他人作品，应当支付报酬而未支付的；

（八）未经视听作品、计算机软件、录音录像制品的著作权人、表演者或者录音录像制作者许可，出租其作品或者录音录像制品的原件或者复制件的，本法另有规定的除外；

（九）未经出版者许可，使用其出版的图书、期刊的版式设计的；

（十）未经表演者许可，从现场直播或者公开传送其现场表演，或者录制其表演的；

（十一）其他侵犯著作权以及与著作权有关的权利的行为。

第五十三条　有下列侵权行为的，应当根据情况，承担本法第五十二条规定的民事责任；侵权行为同时损害公共利益的，由主管著作权的部门责令停止侵权行为，予以警告，没收违法所得，没收、无害化销毁处理侵权复制品以及主要用于制作侵权复制品的材料、工具、设备等，违法经营额五万元以上的，可以并处违法经营额一倍以上五倍以下的罚款；没有违法经营额、违法经营额难以计算或者不足五万元的，可以并处二十五万元以下的罚款；构成犯罪的，

依法追究刑事责任：

（一）未经著作权人许可，复制、发行、表演、放映、广播、汇编、通过信息网络向公众传播其作品的，本法另有规定的除外；

（二）出版他人享有专有出版权的图书的；

（三）未经表演者许可，复制、发行录有其表演的录音录像制品，或者通过信息网络向公众传播其表演的，本法另有规定的除外；

（四）未经录音录像制作者许可，复制、发行、通过信息网络向公众传播其制作的录音录像制品的，本法另有规定的除外；

（五）未经许可，播放、复制或者通过信息网络向公众传播广播、电视的，本法另有规定的除外；

（六）未经著作权人或者与著作权有关的权利人许可，故意避开或者破坏技术措施的，故意制造、进口或者向他人提供主要用于避开、破坏技术措施的装置或者部件的，或者故意为他人避开或者破坏技术措施提供技术服务的，法律、行政法规另有规定的除外；

（七）未经著作权人或者与著作权有关的权利人许可，故意删除或者改变作品、版式设计、表演、录音录像制品或者广播、电视上的权利管理信息的，知道或者应当知道作品、版式设计、表演、录音录像制品或者广播、电视上的权利管理信息未经许可被删除或者改变，仍然向公众提供的，法律、行政法规另有规定的除外；

（八）制作、出售假冒他人署名的作品的。

第五十四条　侵犯著作权或者与著作权有关的权利的，侵权人应当按照权利人因此受到的实际损失或者侵权人的违法所得给予赔偿；权利人的实际损失或者侵权人的违法所得难以计算的，可以参照该权利使用费给予赔偿。对故意侵犯著作权或者与著作权有关的权利，情节严重的，可以在按照上述方法确定数额的一倍以上五倍以下给予赔偿。

权利人的实际损失、侵权人的违法所得、权利使用费难以计算的，由人民法院根据侵权行为的情节，判决给予五百元以上五百万元以下的赔偿。

赔偿数额还应当包括权利人为制止侵权行为所支付的合理开支。

人民法院为确定赔偿数额，在权利人已经尽了必要举证责任，而与侵权行为相关的账簿、资料等主要由侵权人掌握的，可以责令侵权人提供与侵权行为相关的账簿、资料等；侵权人不提供，或者提供虚假的账簿、资料等的，人民法院可以参考权利人的主张和提供的证据确定赔偿数额。

人民法院审理著作权纠纷案件，应权利人请求，对侵权复制品，除特殊情况外，责令销毁；对主要用于制造侵权复制品的材料、工具、设备等，责令销毁，且不予补偿；或者在特殊情况下，责令禁止前述材料、工具、设备等进入商业渠道，且不予补偿。

第五十五条　主管著作权的部门对涉嫌侵犯著作权和与著作权有关的权利的行为进行查处时，可以询问有关当事人，调查与涉嫌违法行为有关的情况；对当事人涉嫌违法行为的场所和物品实施现场检查；查阅、复制与涉嫌违法行为有关的合同、发票、账簿以及其他有关资料；对于涉嫌违法行为的场所和物品，可以查封或者扣押。

主管著作权的部门依法行使前款规定的职权时，当事人应当予以协助、配合，不得拒绝、阻挠。

第五十六条　著作权人或者与著作权有关的权利人有证据证明他人正在实施或者即将实施侵犯其权利、妨碍其实现权利的行为，如不及时制止将会使其合法权益受到难以弥补的损害的，可以在起诉前依法向人民法院申请采取财产保全、责令作出一定行为或者禁止作出一定行为等措施。

第五十七条　为制止侵权行为，在证据可能灭失或者以后难以取得的情况下，著作权人或者与著作权有关的权利人可以在起诉前依法向人民法院申请保全证据。

第五十八条　人民法院审理案件，对于侵犯著作权或者与著作权有关的权利的，可以没收违法所得、侵权复制品以及进行违法活动的财物。

第五十九条　复制品的出版者、制作者不能证明其出版、制作有合法授权的，复制品的发行者或者视听作品、计算机软件、录音录像制品的复制品的出租者不能证明其发行、出租的复制品有合法来源的，应当承担法律责任。

在诉讼程序中，被诉侵权人主张其不承担侵权责任的，应当提供证据证明已经取得权利人的许可，或者具有本法规定的不经权利人许可而可以使用的情形。

第六十条　著作权纠纷可以调解，也可以根据当事人达成的书面仲裁协议或者著作权合同中的仲裁条款，向仲裁机构申请仲裁。

当事人没有书面仲裁协议，也没有在著作权合同中订立仲裁条款的，可以直接向人民法院起诉。

第六十一条　当事人因不履行合同义务或者履行合同义务不符合约定而承担民事责任，以及当事人行使诉讼权利、申请保全等，适用有关法律的规定。

第六章　附　则

第六十二条　本法所称的著作权即版权。

第六十三条　本法第二条所称的出版，指作品的复制、发行。

第六十四条　计算机软件、信息网络传播权的保护办法由国务院另行规定。

第六十五条　摄影作品，其发表权、本法第十条第一款第五项至第十七项规定的权利的保护期在 2021 年 6 月 1 日前已经届满，但依据本法第二十三条第一款的规定仍在保护期内的，不再保护。

第六十六条　本法规定的著作权人和出版者、表演者、录音录像制作者、广播电台、电视台的权利，在本法施行之日尚未超过本法规定的保护期的，依照本法予以保护。

本法施行前发生的侵权或者违约行为，依照侵权或者违约行为发生时的有关规定处理。

第六十七条　本法自 1991 年 6 月 1 日起施行。